UTB 2387

Eine Arbeitsgemeinschaft der Verlage

Beltz Verlag Weinheim und Basel
Böhlau Verlag Köln · Weimar · Wien
Wilhelm Fink Verlag München
A. Francke Verlag Tübingen und Basel
Paul Haupt Verlag Bern · Stuttgart · Wien
Verlag Leske + Budrich Opladen
Lucius & Lucius Verlagsgesellschaft Stuttgart
Mohr Siebeck Tübingen
C. F. Müller Verlag Heidelberg
Ernst Reinhardt Verlag München und Basel
Ferdinand Schöningh Verlag Paderborn · München · Wien · Zürich
Eugen Ulmer Verlag Stuttgart
UVK Verlagsgesellschaft Konstanz
Vandenhoeck & Ruprecht Göttingen
WUV Facultas · Wien

Ulrich Hufeld (Hrsg.)

Der Reichsdeputationshauptschluß von 1803

Eine Dokumentation zum Untergang des Alten Reiches

2003

BÖHLAU VERLAG KÖLN WEIMAR WIEN

Bibliografische Information der Deutschen Bibliothek:

Die Deutsche Bibliothek verzeichnet diese Publikation in der Deutschen Nationalbibliografie; detaillierte bibliografische Daten sind im Internet über http://dnb.ddb.de abrufbar.

Ursulaplatz 1, D-50668 Köln
Tel. (0221) 9 13 90-0, Fax (0221) 9 13 90-11
vertrieb@boehlau.de

Einbandgestaltung: Atelier Reichert, Stuttgart
Druck und Bindung: MVR Druck GmbH, Brühl
Gedruckt auf chlor- und säurefreiem Papier
Printed in Germany

ISBN 3-8252-2387-6

Inhalt

Einleitung

Deutschland und Frankreich

Im Reichsdeputationshauptschluß kulminiert eine epochemachende Periode der deutschen Geschichte. Bei allen Schwierigkeiten, „Wendemarken" auszumachen[1] und den „Strom der Geschichte" einzuteilen – der hier dokumentierte Zeitabschnitt steht für sich, setzt ein mit dem Ersten Koalitionskrieg gegen Frankreich 1792 und endet mit dem Untergang des Alten Reiches 1806.

Die Einwände gegen „1806" liegen auf der Hand: Unabsehbar war seinerzeit das Ende der napoleonischen Ära; die Niederlegung der römisch-deutschen Kaiserkrone am 6. August beeindruckte die Zeitgenossen wenig, Goethe, so heißt es, habe sich weitaus mehr für einen Streit seines Kutschers interessiert; und die Neuordnung Europas nach der endgültigen Niederlage Napoleons besorgte doch erst der Wiener Kongreß. Keine Zäsur also im Jahre 1806?

Alle diese Einwände treffen zu. Dennoch war 1803 eine Wendemarke und 1806 ein Schlußpunkt erreicht. Man muß nur das historiographische „Duell der ersten Sätze" zwischen Thomas Nipperdey und Heinrich August Winkler aufnehmen, um die Besonderheit jener Periode ins rechte Licht zu rücken. „Am Anfang war Napoleon", setzte Nipperdey an den Anfang seiner Deutschen Geschichte des 19. Jahrhunderts[2]. Winkler hielt in seiner Deutschen Geschichte des 19. und 20. Jahrhunderts dagegen: „Im Anfang war das Reich"[3]. Gewiß, Nipperdey verwies

1 Dazu Reinhard Mussgnug, Wendemarken in der Verfassungsgeschichte?, in: Bernd Becker u.a. (Hrsg.), Festschrift für Werner Thieme, 1993, S. 141 ff.

2 Thomas Nipperdey, Deutsche Geschichte. 1800–1866, 1994, S. 11.

3 Heinrich August Winkler, Der lange Weg nach Westen, Erster Band, 2000, S. 5.

auf die unmittelbare Vorgeschichte, auf die Erschütterungen der alteuropäischen Ordnung im Gefolge der Französischen Revolution, namentlich auf den großen Usurpator, den illegitimen Erben der Revolution; demgegenüber rekurrierte Winkler auf die fernere Vorgeschichte, auf die translatio imperii und das mythische Fortleben der überlebten Reichsidee im 19. und 20. Jahrhundert. Doch beleuchten diese ersten Sätze zusammengenommen eine anachronistische Gleichzeitigkeit, die der Periode zwischen 1792 und 1806 einen wahrhaft historischen Charakter gibt: Auf der einen Seite Frankreich, revolutioniert und revolutionär, 1792 beseelt von seiner Zukunft, republikanisiert und enthusiasmiert von der Idee der nationalen Selbstregierung durch Verfassunggebung[4], trotz oder gar wegen der politischen Erschütterungen im Innern mit Macht und wehenden Fahnen auf dem Weg zum Rhein[5]. Auf der anderen Seite das Heilige Römische Reich Deutscher Nation, irreparabel diskreditiert[6], kaum noch beseelt von der alten Reichsidee, staatlich tief zerklüftet, politisch uneins. „Kaiser und Reich" – die Formel der Einheit hatte sich in eine Bezeichnung der Gegensätze verwandelt.

Den Krieg, der 1792 begann, führten auf deutscher Seite zunächst Preußen und Österreich. Erst die Hinrichtung Ludwigs XVI. 1793 veranlaßte das Reich, Frankreich den Reichskrieg zu erklären. Die weitere Geschichte der „Sonderfriedensschlüsse", der Felonie und der Dreiteilung Deutschlands führt in die Vorgeschichte der großen Flurbereinigung, von der im Folgenden die Rede sein soll. Aufs Ganze gesehen gilt für den hier abge-

4 Vgl. nur Hasso Hofmann, Von der Staatssoziologie zu einer Soziologie der Verfassung?, JZ 1999, 1065 (1069 f.).

5 „Dieselbe Amoralität, welche die revolutionäre Politik im Innern zeigte, wurde zum Hauptmoment der Strategie", Golo Mann, Friedrich von Gentz, Neuausgabe 1995, S. 52.

6 Gerd Roellecke, Kalte Verachtung und obszöner Respekt. Politische Layouts nach 1806 und nach 1945, in: ders., Aufgeklärter Positivismus, hrsgg. von Otto Depenheuer, 1995, S. 71 (72 ff.): „Verachtung des Heiligen Reiches" als „Vorgabe für die folgende deutsche Politik" („politisches Layout").

steckten Zeitraum: „Selten haben alle Bereiche des Lebens so sehr im Zeichen der Machtpolitik und des Drucks von außen gestanden" (Nipperdey). Dieser Druck ließ das Deutsche Reich zusammensinken. Die alte deutsche Reichsverfassung und der neue, französisch inspirierte Prospekt der Zukunft; das alte, „heilige" Europa und die Sache der Freiheit und des Fortschritts – verfassungsgeschichtlich stehen sich zwei Legitimitätsentwürfe für einen kurzen Zeitraum unvermittelt und unversöhnlich gegenüber.

Deutschland, der „Gedankenstaat"

Die Wahlkapitulation, die Franz II. als neugewählter Kaiser in der Nachfolge Leopolds II. am 5. Juli 1792 beeidete, ließ nicht erkennen, daß die Aufmärsche der Revolutionsheere begonnen hatten und mit ihnen die europäischen Kriege an der Epochenwende vom Ancien Régime zum modernen Konstitutionalismus. Ganz dem alten Recht der Goldenen Bulle von 1356, dem Vorbild der Kapitulation Kaiser Karls V. aus dem Jahre 1519[7], dem Westfälischen Frieden von 1648 und allen weiteren Fundamentalgesetzen verpflichtet („gleich wäre es dieser Kapitulation von Worten zu Worten einverleibet"), tradierte die Wahlkapitulation Franz' II. (Dok. 1) die kaiserliche Schirmherrschaft und Autorität, zugleich den seit alters her konkurrierenden, seit 1648 verfestigten Machtanspruch der Reichsstände. Die lebendige und wirksame, quasi-souveräne Territorialstaatlichkeit stellte das Reich derart in den Schatten, daß der junge Hegel das Reich nur mehr als „Gedankenstaat" wahrnahm, dem die Lebenswirklichkeit entlaufen war[8]. Tatsächlich fand sich in der Wahlkapitula-

7 Vgl. auch das nach 1711 vorbildliche Projekt einer beständigen Wahlkapitulation (v. 8.7.1711; Text bei Arno Buschmann, Kaiser und Reich, 1984, S. 548 ff.), das jedoch nie als förmliches Reichsgesetz in Kraft trat.

8 Georg Wilhelm Friedrich Hegel, Die Verfassung Deutschlands, nach 1798/99 in Frankfurt begonnen, wahrscheinlich 1802 abgeschlossen (Auszüge u. Dok. 8). Vgl. Hans Maier, Hegels Schrift über die Reichsverfas-

tion kein Vorzeichen des Umbruchs. Daß dieser Text – vor dem Reichsdeputationshauptschluß – das vorletzte Reichsgrundgesetz dokumentiert, deutete sich an keiner Stelle an. Das macht ihn interessant als Monument der alten Zeit. 14 Jahre später erklärte Franz II. die Niederlegung der Kaiserkrone mit dem schlichten Hinweis, daß es ihm „unter den eingetretenen Umständen unmöglich seyn werde, die durch den Wahlvertrag eingegangenen Verpflichtungen ferner zu erfüllen“ (Dok. 16).

Die Wahlkapitulation bekräftigte 1792 die den Kandidaten stets abverlangte status quo-Garantie. Allem voran stand der kaiserliche „Schutz der Kirche, des Reichs, der Stände“ (Art. I), besonders der Kurfürsten des Reichs „als dessen vorderste Glieder und des heiligen römischen Reichs Grundsäulen, besag der Goldenen Bulle“ (Art. I § 2). Zwar galt der Wahlvertrag seit der ersten Kapitulation Karls V. nicht als Macht*begründungs*akt, sondern als *Beschränkung* der kaiserlichen plenitudo potestatis im Wege vertraglicher Selbstbindung. Doch diese Beschränkungswirkung reichte weit. Darauf nahmen die Wähler und Vertragspartner des Kaisers, die Kurfürsten als Repräsentanten des Reichs, vor jeder Wahl Bedacht[9]. „Die Elektoren und neidvoll

verfassung, in: Politische Vierteljahresschrift 1963, S. 334 ff., bes. 340: „Hegel nimmt von dieser alten Welt, die mit dem Frieden von Lunéville und mit den sich anschließenden Verhandlungen der Reichsdeputation dahingeht, nicht ohne ein Gefühl des Bedauerns Abschied. Denn in ihm lebt bei aller Kritik doch ein deutliches Gefühl für das, was sie dem europäischen Staatensystem an Kräften dynamischer Entfaltung und institutioneller Festigung gegeben hat. Stammt nicht aus der germanischen Welt, deren alte Verfassung Deutschland so hartnäckig festhält, auch jenes Prinzip der Repräsentation, das die modernen Staaten befähigt hat, unter der Decke des Absolutismus ihre alten Freiheiten festzuhalten oder wiederzugewinnen?“

9 Auflistung der Wahlkapitulationen seit 1519 bei Gerd Kleinheyer, Die kaiserlichen Wahlkapitulationen, 1968, S. 14 f.; dort, S. 101 ff., 104 ff., auch zum Vertragscharakter und zur Bezeichnung „Kapitulation“.

angefochtenen Nutznießer der Wahlkapitulationen hüteten angestrengt ihre überkommene … Präeminenz“[10].

So folgte die Wahlkapitulation noch einmal dem äußerlich unverfügbaren Bauplan des Reiches, das wie eine „gotische Ruine“ in die neue Zeit hineinragte. Die „Ideen von 1789“ setzten hingegen die Verfügbarkeit und Machbarkeit der Staatsorganisation voraus. Diesem modernen Verfassungsgrund stand der Reichsbau fern. Mochten seine archaischen Strukturen leicht zu erschüttern sein, so hatten sich umso mehr jene Reichsterritorien zu bewähren, die auch die vernunftrechtliche Allgemeine Staatslehre als wirkliche Staaten klassifizierte. Dort mußte die Französische Revolution anders wirken als im „Gedankenstaat“[11]; und diesem irreal gewordenen Reich mußte notwendig zum Nachteil ausschlagen, daß sich der neue Kaiser vor allem anderen der real bedrohten Habsburgermonarchie verpflichtet glaubte. Der wachsende Druck von außen verstärkte alle zentrifugalen Kräfte im Reichskörper. „Da auch Preußen Pläne zur Umgestaltung des Reiches erwog, ergibt sich, daß 1793 das Reich in seiner bisherigen Gestalt von beiden deutschen Großmächten aufgegeben war und es nurmehr vom Zufall des Waffenglücks abhing, ob Deutschland nach den Vorstellungen des Wiener oder des Berliner Hofes oder nach denen der französischen Revolutionäre umgestaltet werden sollte.“[12]

Der Zufall des Waffenglücks und das Prinzip der Kompensation

Frankreich entwickelte sich 1792 im Innern zur Despotie – „ein enthusiastischer Despotismus des Volkes über sich selbst. Er

10 Adolf Laufs, Rechtsentwicklungen in Deutschland, 5. Aufl. 1996, S. 139.

11 Vgl. Michael Stolleis, Geschichte des öffentlichen Rechts in Deutschland, Zweiter Band, 1992, S. 42: „doppelte Ebene der Rezeption“: „Man konnte das Bedürfnis nach einer Revolution auf der Reichsebene bejahen und auf der Territorialebene verneinen.“

12 Karl Otmar v. Aretin, Das Alte Reich 1648–1806, Bd. 3, 1997, S. 407.

zwang alle Franzosen zur Beteiligung und wandte alle Kräfte gegen außen"[13]. Im Frühjahr 1792 hatte noch Ludwig XVI., genötigt von der Legislativen Versammlung, dem „König von Ungarn und Böhmen" den Krieg erklärt. Franz, zu dieser Zeit *rex in imperatorem promovendus*, fand in Deutschland kaum Verbündete. Ihm blieb der Unionsvertrag mit Preußen[14]; die Mehrheit der Reichsstände wahrte Neutralität, mißtrauisch gegenüber den Absichten der Großmächte. So fürchteten manche Reichsstände, Österreich und Preußen seien nur darauf aus, die Kräfte des Reichs in den Dienst ihrer Machtpolitik zu stellen. Aber auch das österreichisch-preußische Bündnis war brüchig, weil die Verbündeten in Ost- und Südosteuropa rivalisierten, je eigene Interessen verfolgten, namentlich in Polen. Im September 1792, während der Nationalkonvent in Paris die Republik proklamierte, traten die preußischen Truppen 180 km östlich der französischen Hauptstadt nach der Kanonade von Valmy den Rückzug an.

Diese Wende des Krieges vermochte das Reich, das Frankreich am 22. März 1793 den Krieg erklärte, nur vorübergehend umzukehren. Nach der Rückgewinnung der Rheinlande gingen die preußischen Truppen Ende 1793 wieder auf das rechte Rheinufer zurück. Mit der Zweiten Teilung Polens war Preußen saturiert. Frankreich verabschiedete im Innern das überkommene gemeineuropäische Verfassungsprinzip der Legitimität, und seine Kriegserfolge erschütterten nachhaltig das legitimistisch fundierte Ordnungsgefüge der gewachsenen Monarchien. „Eine neue

---

13 Friedrich von Gentz, paraphrasiert von Golo Mann (o. Anm. 5), S. 48 f.

14 Art. 8 des Vertrags vom 7. Februar 1792: „Und weil ihnen nichts mehr am Herzen liegt, als die Ruhe und den Wohlstand Deutschlands fortbestehen zu sehen, und weil sie diesen Wert als einen der Hauptziele ihrer Union betrachten, versprechen sich die Hohen vertragschließenden Teile und verbünden sich dahingehend, die deutsche Verfassung in ihrer ganzen Integrität aufrechtzuerhalten, so wie sie durch frühere Gesetze und Verträge festgesetzt worden ist." Text bei Rudolf Hoke/Ilse Reiter (Hrsg.), Quellensammlung zur Österreichischen und Deutschen Rechtsgeschichte, 1993, S. 328, Nr. 1560.

revolutionäre Vorstellung vom jus publicum Europaeum kam auf, die daraus nicht nur den Anspruch jeder Nation auf demokratische Selbstbestimmung, sondern auch das Recht der freien Völker zum europäischen Bürgerkrieg gegen die Träger der alten Herrschaft ableitete."[15] Nur beantworteten die Träger der alten Herrschaft den Übergang in Frankreich zum militanten und expansiven Nationalismus keineswegs geschlossen und geeint im Zeichen des europäischen Legitimitätsprinzips. Eigener Machtpolitik verpflichtet, durchkreuzten sie ihrerseits die legitimistische Homogenität Europas. Eine Reichsarmee kam nach der Reichskriegserklärung nicht zustande. Die von den Reichsständen gestellten Truppen kämpften in den Reihen der österreichischen oder der preußischen Armee. Die Reichsgeneralität bildete sich allein aus österreichischen Offizieren und hielt Protestanten fern. Vergeblich erinnerte Preußen an den in der Wahlkapitulation erneuerten Grundsatz der Parität auch in der Generalität (Dok. 1, Art. IV § 3).

Die größeren Reichsstände konnten und wollten den Zerfall des österreichisch-preußischen Bündnisses nicht verhindern; auch eine von den Führungsmächten losgelöste, eigenständige Reichspolitik gelang ihnen nicht. Deutschland hatte mit seinen Dualismen und Brüchen – Kaiser und Reich, Preußen und Österreich, konfessionelle Parität – der Wucht der französischen Revolutionsheere und der im Nationalkonvent beschlossenen „Levée en masse" (August 1793) zu wenig entgegenzusetzen. Während Preußen im Herbst 1794 den Rückzug der Rheinarmee betrieb, kümmerte sich Österreich nach wie vor um ein Äquivalent für die Vergrößerungen Preußens, nicht jedoch um Sicherheit und Fortbestand des Reiches. Die Kaisermacht schürte die Besorgnis unter den Reichsständen, daß sie keine Verbündeten, sondern Vasallen suchte. Das brachte Preußen neue Sympathie. Die Reichsfürsten suchten festen Halt im Mächtedreieck zwischen Frankreich, Österreich und Preußen.

15 Ernst Rudolf Huber, Deutsche Verfassungsgeschichte seit 1789, Bd. I, 2. Aufl. 1975, S. 18.

Die Serie der Sonderfriedensschlüsse (Dok. 2–6) dokumentiert beides: den Erfolg der französischen Invasion in Deutschland und, in ihrem Gefolge, die Implosion der alten Reichsordnung. Denn die Separatfrieden – bereits der Begriff deutet auf Verselbständigung der Reichsstände vom Reich – trugen der Französischen Republik nicht nur die förmliche Anerkennung ein, völkerrechtlichen Rückhalt also für die revolutionäre Umwandlung der Monarchie in eine Republik, kurz: den außenpolitischen Sieg der Revolution. Die Bedeutung der Verträge erschöpfte sich auch nicht darin, daß Frankreich das linke Rheinufer gewinnen und so an seine „natürliche Grenze" heranrücken konnte. Den folgenreichsten, irreversiblen Teil der Verträge bildete das *Prinzip der Kompensation*. Schon der österreichisch-preußische Feldzug 1792 hatte von Beginn an im Zeichen der Entschädigung für Kriegskosten gestanden, derart freilich, daß die Entschädigungsfrage von einer Eroberungsidee kaum zu unterscheiden war[16]. Nachdem sich aber herausgestellt hatte, daß „Entschädigung" *nicht gegen* Frankreich und *auf Kosten* Frankreichs zu erlangen war, suchten sich die deutschen Mächte *mit* Frankreich und auf Kosten Dritter schadlos zu halten.

Preußen machte den Anfang, 1795 im Sonderfrieden von Basel (Dok. 2). Hardenberg scheiterte mit seinem Bemühen, Preußen zum Vermittler eines allgemeinen Reichsfriedens zu machen. Am Berliner Hof setzten sich die Kräfte durch, die für den Sonderfrieden jeden Preis zu zahlen bereit waren, auch zu Lasten der Reichseinheit. Eine Grenzziehung an der Mainlinie zeichnete sich ab. Preußen erhob sich zum Protektor der norddeutschen Reichsstände, wohl in der Absicht, aus einer norddeutschen Friedenszone einen preußisch-norddeutschen Staat zu formen. Mit der in einem geheimen Zusatzartikel in Aussicht genommenen Verständigung „über die Art der Abtretung der auf dem linken Ufer des Flusses gelegenen preußischen Staaten" bahnte sich ein umstürzendes Kompensationsgeschäft an. Die „territoriale Entschädigung", von der in der Geheimklausel die Rede war, konnte nach Lage der Dinge nur eine rechtsrheinische sein. So

16 Dazu Karl Otmar v. Aretin (o. Anm. 12), S. 390 ff.

gab einer der großen Reichsstände – mit Vorbildwirkung für andere, wie sich bald zeigen sollte (Dok. 4–6) – das alte Reichsgefüge preis. Die Französische Republik war fortan vertragsförmlich an den Verhältnissen auch rechts des Rheins beteiligt, die neue Flußgrenze markierte nicht die Einflußgrenze. Ein Reichsfrieden auf der Basis des Status quo ante bellum hatte keine Chance mehr. Preußen und Österreich wetteiferten nur noch darin, die Reichsuntreue des jeweils anderen propagandistisch in grelles Licht zu tauchen. Alle im Reichstag unternommenen Bemühungen, dem Reich als Ganzes den Frieden zu bringen, scheiterten an der Hartnäckigkeit und Verschlagenheit Thuguts, des leitenden Ministers am Wiener Hof. Thugut strebte Erwerbungen für Österreich im Bündnis mit England und Rußland an. Die Einheit des Reiches zerfiel.

Im August 1795 folgte Hessen-Kassel dem preußischen Vorbild und schloß mit Frankreich einen Neutralitätsvertrag, der dem Landgraf für seine Verluste auf dem linken Rheinufer rechtsrheinische Entschädigungen sicherte. Preußen „willigte" am 5. August 1796 in einer weiteren geheimen Konvention mit Frankreich in „das Princip der Secularisationen" (Dok. 3). Dem entsprachen geheime Zusatzabkommen zu den Separatfriedensschlüssen zwischen Württemberg und Frankreich (7. August 1796; Dok. 4) und zwischen Baden und Frankreich (22. August 1796; Dok. 5): Baden verpflichtete sich, „wenn der zwischen der französischen Republik und Kaiser und Reich abzuschließende Friedensvertrag vor den Reichstag kommen wird", seine Stimme dafür zu verwenden, „daß zur Entschädigung der weltlichen Fürsten, welche ihre Besitzungen am linken Rheinufer verlieren dürften, eine hinreichende Anzahl von geistlichen, am rechten Rheinufer liegenden Fürstenthümern secularisirt werden" (Art. VIII).

Das Prinzip der kompensatorischen Säkularisation

Diese Verträge beurkundeten förmlich, daß Frankreich und seine Vertragspartner *Säkularisationen im Reich* in Aussicht nahmen, um die verabredete Entschädigungsmasse rechts des Rheins beizubringen. Säkularisationsgerüchte lagen schon im Siebenjährigen Krieg, dann wieder seit 1792/93 in der Luft[17]. Rationalistisches Denken im Zeitalter der Aufklärung kam der antiklerikalen, jedenfalls kirchenkritischen Tendenz entgegen. „Säkularisation", bei all seiner Bedeutungsvielfalt[18] jedenfalls im Staatskirchenrecht seit dem Westfälischen Frieden als Begriff der Verweltlichung geläufig, bezeichnete im Zusammenhang mit den Separatfrieden die Aufhebung der landesherrlichen Gewalt geistlicher Reichsfürsten (*Herrschaftssäkularisation*[19]) und die Einverleibung der betroffenen Territorien in weltliche Reichsfürstentümer. Damit ging der Verlust der Reichsstandschaft einher, der Verlust von Sitz und Stimme im Reichstag. Das Prinzip, die linksrheinisch depossedierten Erbfürsten rechts des Rheins zu entschädigen, ließ viele Reichsstände untergehen – und hat doch zugleich Staat und Geschichte gemacht.

Die größeren Reichsstände im Südwesten nahmen am Kompensationsgeschäft regen Anteil. Ihre friedensvertraglichen Verbindungen mit Frankreich im Bemühen, die Not der „Mindermächtigen" in die Stärke neuer Mittelmächte umzuformen, brachen der Dreiteilung Deutschlands Bahn. Preußen forcierte die Neutralisierung des Nordens, indem es die der Reichsoperationskasse geschuldeten Beiträge der norddeutschen Reichsstände in den eigenen Haushalt umlenkte; und Österreich, in der Tri-

---

17 v. Aretin (o. Anm. 12), S. 245, 410 f., 447, 484.

18 Vgl. Hans-Wolfgang Strätz/Hermann Zabel, Art. Säkularisation, Säkularisierung (II–IV), in: Brunner/Conze/Koselleck, Geschichtliche Grundbegriffe, Bd. 5, 1984, S. 792 ff. (bes. 801 ff. zur Einwurzelung des Begriffs seit 1646); Hans Michael Heinig, Art. Säkularisation, in: Martin Honecker u.a. (Hrsg.), Evangelisches Soziallexikon, 8. Aufl. 2001, Sp. 1364 ff.; Johannes Heckel, Kirchengut und Staatsgewalt, in: Festschrift für Rudolf Smend, 1952, S. 103 (115 ff.).

19 Zur Begriffsbestimmung, auch zur Abgrenzung der Vermögenssäkularisation, Klaus Dieter Hömig, Der Reichsdeputationshauptschluß vom 25. Februar 1803 und seine Bedeutung für Staat und Kirche, 1969, S. 1 mit weit. Nachw.

pelallianz mit England und Rußland verbunden, ließ sich vom Krieg gegen Frankreich nicht abbringen. Jahre später, in der Erklärung der Rheinbundstaaten über ihren Austritt aus dem Reich (Dok. 15), verwies das „dritte Deutschland“ zu seiner Entschuldigung auf „die im Jahre 1795 im Reiche selbst sich hervorgethane Trennung“, auf die „Absonderung des nördlichen und südlichen Deutschlands“ und seine eigene Zwangslage: „Die Frankreich zunächst gelegenen, von allem Schutz entblößten und allen Drangsalen eines Krieges, dessen Beendigung in den verfassungsmäßigen Mitteln zu suchen nicht in ihrer Gewalt stand, ausgesetzten Fürsten sahen sich gezwungen, sich durch Separatfrieden von dem allgemeinen Verbande in der That zu trennen.“

Die Siege Napoleon Bonapartes im Frühjahr 1797 zwangen auch Österreich zur Revision seiner Politik und insbesondere zur Abkehr von seinem Grundsatz, die Integrität des Reiches zu erhalten. Einer tiefgreifenden, von Preußen dominierten Neuordnung der Reichsverhältnisse konnte es nur dadurch entgegentreten, daß es sich selbst den „Gedanken der Säkularisation“ zu eigen machte[20]. So standen der Präliminarfrieden von Leoben (18. April 1797) und der Sonderfrieden von Campo Formio (17. Oktober 1797; Dok. 6) einerseits im Zeichen des revolutionären Expansionismus: Frankreich übernahm die österreichischen Besitzungen links des Rheins, vor allem die Niederlande, und die Vorherrschaft in Oberitalien. Zum andern verfestigte in Campo Formio die katholische Kaisermacht selbst das reichsverfassungswidrige Prinzip der kompensatorischen Säkularisation. Österreich versprach, auf dem verabredeten Friedenskongreß in Rastatt als Reichsstand für die Abtretung des linken Rheinufers zu stimmen, um die Ergebnisse der separaten Kompensationsverträge für das Reich verbindlich zu machen.

„Verhandlungen zwischen dem barocken ‚Deutschen Reich‘ und seinen modernen Überwältigern schleppten auf einem ma-

---

20 Vgl. die Überlegungen der Wiener Opposition zur Beendigung des Krieges, Aktenstück 55 bei Karl Otmar Freiherr von Aretin, Heiliges Römisches Reich 1776–1806, Teil II Ausgewählte Aktenstücke, 1967, Nr. 55, S. 296 ff.

kabren Kongresse sich durch das Jahr 1798 hin."[21] Der Rastatter Kongreß scheiterte. Die Zusammenfassung der Separatfriedensschlüsse im Reichsfriedensgeschäft kam vorerst nicht zustande. Der Kongreß lüftete aber die letzten Geheimnisse der 1796 in all den geheimen Zusatzartikeln versteckten Säkularisationspolitik. Sofern sich des Kaisers treueste Klientel, die geistlichen Fürsten, noch Hoffnungen hingegeben hatte – Bonaparte zerstörte sie mit seinem kurzen Auftritt kurz vor der förmlichen Eröffnung der Versammlung. Er gab den Vertretern der geistlichen Reichsstände zu verstehen, daß Frankreich auf Säkularisationen ausgehe, um sein Entschädigungsversprechen einzulösen. Als im Januar 1798 die österreichischen Gesandten am Reichstag auch in Regensburg die ganze Wahrheit von Campo Formio offenlegten, brachen Tumulte aus. „Damals, und nicht erst 1806, artikulierte sich in unzähligen Flugschriften die ohnmächtige Wut über diesen beispiellosen Verrat am Reich."[22] Frankreich drängte auf Totalsäkularisation, Österreich verwandte sich noch für die drei geistlichen Kurstaaten und bereitete sich unterdessen auf einen weiteren Krieg vor.

In Rastatt waren, wie später die Präambel des Reichsdeputationshauptschlusses verlauten ließ, „die Unterhandlungen bereits so weit gediehen, daß im Namen des Deutschen Reichs in die Ueberlassung der Lande der linken Rheinseite nicht nur gewilligt, sondern auch wegen des dadurch auf solcher Rheinseite entstehenden Verlustes die Grundlage der Entschädigung durch Säcularisationen angenommen" worden war. Doch der Kongreß führte nicht zum Reichsfrieden und endete unrühmlich, indem die Ermordung der französischen Gesandten (28. April 1799) durch eigenmächtige österreichische Husaren am Vorabend eines neuen Krieges die Lage gefährlich verschärfte.

21 Golo Mann (o. Anm. 5), S. 66.
22 v. Aretin (o. Anm. 12), S. 464.

Der Frieden von Lunéville

Zu Beginn des Zweiten Koalitionskrieges (1799–1801) keimte noch einmal Hoffnung auf, das Reich führe, im Verein insbesondere mit Rußland, den Krieg um seinetwillen und verteidige damit auch die verfassungsmäßige Existenz der geistlichen Reichsstände. Anfangserfolge der Koalition ermutigten gar den Mainzer Kanzler Albini, in seinem Gebiet einen Landsturm aufzustellen. Den Ausschlag gab freilich Preußen, zum Schaden der Koalition. Umworben von Frankreich, namentlich von dem Abbé Sieyes, umworben auch von den Alliierten, wahrte es hartnäckig seine Neutralität. Von diesem Preußen hatte Deutschland nichts zu hoffen. Die Koalition unterlag Frankreich und seinem ersten Konsul Napoleon Bonaparte, der sich am 9. November 1799 (18. Brumaire) an die Spitze der Republik geputscht hatte[23]. Ein Friedensschluß mit Frankreich war nun unausweichlich. Er kam zustande ohne Reichsfriedenskongreß, am 9. Februar 1801 im französischen Lunéville. Gegenüber Campo Formio mußte Österreich weitere Einbußen hinnehmen. Diesmal handelte Franz II. zugleich für das Reich. Der Reichstag stimmte dem Friedensschluß einstimmig zu[24]. Auf dieser Grundlage ratifizierte der Kaiser den Vertrag. Am 16. März 1801 trat der Frieden von Lunéville als völkerrechtlicher Vertrag und Reichsgrundgesetz in Kraft (Dok. 7) – und in dieser Form sein Art. VII, der die Abtretung des linken Rheinufers an Frankreich und die Entschädigungsansprüche der depossedierten Fürsten definitiv besiegelte.

Deshalb überrascht zunächst die Einstimmigkeit am Regensburger Reichstag, zumal der Art. VII ausdrücklich auf die Grundsätze des Rastatter Kongresses Bezug nahm, also auf das Prinzip der kompensatorischen Säkularisation. Die Zustimmung auch der geistlichen Stände erklärt sich aus der dilatorischen Un-

23 Zum Zweiten Koalitionskrieg im Überblick: Bernd Wunder, Europäische Geschichte im Zeitalter der Französischen Revolution 1789–1815, 2001, S. 95 ff.

24 Karl Härter, Reichstag und Revolution 1789–1806, 1992, S. 572.

bestimmtheit des Art. VII. Er verwies auf Entschädigungsvereinbarungen, die noch zu treffen seien, und nährte Hoffnungen mit der Formulierung, daß das Reich insgesamt („*collectivement*“) in der Pflicht stehe, „die durch diesen Friedensvertrag entstehenden Verluste ausreichend zu entschädigen“. Gab nicht dieser Text einer für die geistlichen Reichsstände erträglichen Interpretation Raum, dahin, daß nicht nur sie, sondern alle Reichsstände „collectivement“ zur Entschädigungsleistung heranzuziehen oder anteilig ihre Verluste selbst zu tragen verpflichtet seien? Den Absichten Frankreichs entsprach das nicht. Zudem füllte nicht intern abgestimmte Reichspolitik die Lücken des Art. VII aus, sondern wiederum separate, vielmehr schon separatistische Vergrößerungspolitik „auf dem großen Trödelmarkt irdischer Herrlichkeit, der in Paris eröffnet war“[25]. Der „Länderschacher“[26], der im zweiten Halbjahr 1801 stattfand, hat den fürstlichen Protagonisten wenig schmeichelhafte Urteile in der historischen Forschung eingetragen[27]. Im scharfen Gegensatz dazu steht aber die Würdigung dieser dubiosen Politik im Ergebnis. Auf dem „Pariser Trödelmarkt“ setzte sich fort, was sich 1796 bereits abgezeichnet hatte: der Aufstieg des dritten Deutschlands. Die Entstehung mittelgroßer Länder, die der Reichsdeputationshauptschluß bald sanktionierte, gilt heute als Voraussetzung des modernen deutschen Föderalismus[28].

---

25 Johannes Haller, Tausend Jahre deutsch-französischer Beziehungen, 4. Aufl. 1939, S. 79.

26 Klaus-Peter Schroeder, Das Alte Reich und seine Städte, 1991, S. 263; Wunder (o. Anm. 23), S. 98; Härter (o. Anm. 24), S. 586.

27 Vgl. neben den in Anm. 25 und 26 Genannten auch Horst Möller, Fürstenstaat oder Bürgernation, 1994, S. 577 f.; Nipperdey (o. Anm. 2), S. 11 f.; Heinrich von Treitschke, Deutsche Geschichte im Neunzehnten Jahrhundert, Erster Teil, 1927, S. 180 f.

28 Buschmann (o. Anm. 7), S. 46; Laufs (o. Anm. 10), S. 165; Hömig (o. Anm. 19), S. 72; Klaus-Peter Schroeder, Der Reichsdeputationshauptschluß vom 25.2.1803 – Letztes Grundgesetz des Alten Reiches, in: JuS 1989, S. 351 (357). v. Treitschke (o. Anm. 27, S. 180 ff., 186) glaubte freilich, der große Umsturz sei „in seinen letzten Nachwirkungen nicht dem Partikularismus zugute gekommen, sondern der nationalen Einheit“.

Der Reichsdeputationshauptschluß

Die Souveränitätsidee verdrängte die Reichsidee. Im Zeichen dieses Paradigmenwechsels stand die in Berlin, Karlsruhe und München ausgegebene Maxime, daß „Jeder seine Schadloshaltung da bekomme, wo sie sich am füglichsten mit seinen übrigen Besitzungen arrondieret“[29]. Das Interesse am *wohlarrondierten Territorialstaat* setzte sich bedenkenlos über die Reichsverfassung hinweg und kam dem strategischen Interesse Frankreichs entgegen, Glacisstaaten in Stellung zu bringen – stark genug, um Österreich zu schwächen, nicht stark genug, um Frankreich zu gefährden. Daß diese Vergrößerungspolitik rechts des Rheins dem kaiserlichen Patronat zuwiderlief (vgl. Dok. 1, Art. I § 2), daß die Mißachtung der gliedstaatlichen Existenzgarantie zugleich auctoritas und potestas des Kaisers preisgab und am Ende das Reich selbst zerbrechen konnte, lag offen zutage. Doch Franz II. und die leitenden Staatsmänner in Wien ließen alle Chancen aus, die dem Reich nach dem Frieden von Lunéville noch verblieben waren[30].

Das kaiserliche Kommissionsdekret vom 3. März 1801 verzichtete auf Vorschläge in der Entschädigungssache selbst und befaßte den Reichstag lediglich mit der Verfahrens- und Zuständigkeitsfrage, wie und durch wen Art. VII des Lunéviller Friedens durchzuführen sei. Österreich fand keinen Weg aus dem Dilemma, daß jeder eigene Entschädigungsanspruch neue Gegenansprüche anderer Prätendenten provozieren mußte. Insbesondere die im Frieden von Lunéville (Art. V) festgesetzte Entschädigung für den Großherzog von Toskana machte der Hof-

29 Alle Nachw. bei Härter (o. Anm. 24), S. 579 ff. (Zitat: 579 f.), bes. S. 581 f. zur Münchener Politik.

30 Das Versagen des Wiener Hofes betont v. Aretin (o. Anm. 12), S. 15: „Nicht die Ideen der Französischen Revolution bereiteten dem Reich sein Ende, sondern die absolut unfähige und unverantwortliche Politik von Kaiser Franz II. und seinen Ministern ließ dem Reich keine Überlebenschancen. ... Die Reichspolitik eines Kaiser Franz und seiner Minister hätte kein Staat unbeschädigt überlebt.“

burg zu schaffen. Die Entschädigung eines reichsfremden Großherzogs im Reich mochte die Säkularisation sowohl der rechtsrheinischen Fürstbistümer wie auch der geistlichen Kurfürstentümer nach sich ziehen, also die Totalsäkularisation, die es im Interesse des Kaisers abzuwenden galt. Trauttmansdorff, kommissarischer Leiter der auswärtigen Geschäfte, beklagte zudem die Unzuverlässigkeit Frankreichs: „Frankreich blieb unabweichlich auf der Entschädigung des Großherzogs in Deutschland stehen und ließ sich überhaupt in nichts Bestimmtes ein, sondern suchte nur Zeit zu gewinnen, uns durch verschiedene Vorschläge irre zu führen und mittels reizender Anträge bei anderen Höfen zu kompromittieren, hielt aber nie Wort und schlug uns jede verbindliche Zusicherung hartnäckig ab."[31] Freilich: Der Wiener Hof ließ sich irreführen, und die anderen Höfe halfen den reizenden Anträgen mit üppigen Louisdor-Beträgen nach.

Die geistlichen Reichsstände und die Reichsstädte setzten vergeblich auf die Kaisermacht, von der sie sich immer noch die Gewähr versprachen, daß „kein [...] Reichsstand ganz zum Entschädigungs-Opfer hingegeben" werde[32]. Der Reichstag wollte dem Kaiser eine beschränkte Vollmacht zugestehen und den Wiener Hof auf eine Zusammenarbeit mit den Reichsständen und den auswärtigen Mächten Frankreich und Rußland festlegen. Doch der Kaiser und seine Minister verweigerten sich. „Nicht der Reichstag hat somit eine rasche Lösung der Entschädigungsfrage verhindert und verschleppt, sondern die unentschlossene und passive Haltung Wiens im Sommer 1801 machte eine gemeinsame ‚deutsche' Lösung unmöglich."[33]

Schließlich einigten sich Preußen und Österreich auf die Einsetzung einer außerordentlichen Reichsdeputation mit unbeschränkter Vollmacht. Der Reichstag folgte dem preußisch-

---

31 Rechtfertigungsbericht Trauttmansdorff vom Oktober 1801, abgedruckt bei Aretin (o. Anm. 20), Aktenstück Nr. 58, S. 307 ff. (309).

32 Votum Eichstätts im Fürstenrat am 30.3.1801, zitiert nach Härter (o. Anm. 24), S. 575.

33 Härter (o. Anm. 24), S. 577.

österreichischen Votum (Reichsgutachten vom 2. Oktober 1801) und entsandte mit Preußen, Bayern, Württemberg und Hessen-Kassel vier Befürworter einer Totalsäkularisation, sodann Böhmen und den Deutschen Orden, ferner Sachsen und als einzigen geistlichen Reichsstand das Kurfürstentum Mainz. Die Zusammensetzung der Deputation bedrohte nicht nur die Bistümer und Abteien, sondern auch die Reichsstädte. Sie waren nicht vertreten – Vorzeichen der Mediatisierung. Österreich hatte die Initiative an Preußen verloren und in dieser Reichsdeputation nicht mehr Rückhalt genug, die große Flurbereinigung zu verhindern. Im Dezember 1801 befürwortete Wien sogar, „alle mittelbaren Abteyen und Klöster, welche in ihren Landen gelegen sind", der Entschädigungsmasse zuzuschlagen – ein Votum für die Vermögenssäkularisation. Das kaiserliche Dekret, das die Entscheidung des Reichstags zur Einsetzung einer außerordentlichen Reichsdeputation ratifizierte, verschwieg nicht, daß die Deputation auf Frankreich werde Rücksicht nehmen müssen.

Frankreich räumte unterdessen Rußland als einem Garanten der Reichsverfassung (seit dem Frieden von Teschen 1779) Mitsprache im Entschädigungsgeschäft ein. Österreich geriet auch außenpolitisch in die Isolation. Bayern, Württemberg und Baden verständigten sich ihrerseits direkt mit Frankreich (August 1801), ganz in der Tradition der Verträge von 1796 (Dok. 4–5) und auf der Linie der darin verabredeten Arrondierungspolitik. Nach einer weiteren Übereinkunft mit Preußen im Mai 1802 legte Frankreich einen aus den separaten Abkommen zusammengesetzten Entschädigungsplan vor, dem Rußland im Juni beitrat. „Die Gesetzlosigkeit der Politik lag darin in ihrer ganzen empörenden Blöße aufgedeckt."[34] Dem Reich blieb in dieser entscheidenden Phase jeder Einfluß verwehrt. Franz II. konnte sich im ersten Halbjahr 1802 nicht einmal dazu durchringen, die beschlossene Deputation einzuberufen. Die Weichen waren gestellt, bevor sie sich am 24. August zu ihrer ersten Sitzung ver-

34 Karl Ernst Adolf von Hoff, Das Teutsche Reich vor der französischen Revolution und nach dem Frieden von Luneville, Zweiter Theil, 1805, S. 58.

sammelte. Dem französisch-russischen Entschädigungsplan vom Juni, im Oktober mit geringfügigen Änderungen durch den plan général ersetzt, stimmte die Reichsdeputation im November 1802 zu.

Das Reich hatte vor allem die Chance der *gleichwertigen rechtsrheinischen Entschädigung* verpaßt, die der Frieden von Lunéville, folgt man nur seinem Wortlaut, in Art. VII offenhielt. Bei Anlehnung an Verlust und Kompensation in strenger Verhältnismäßigkeit wäre der Reichsdeputationshauptschluß (Dok. 9) nicht zu jenem unvergleichlichen Dokument der territorialen Umwälzungen geworden. Der Vertrag von Lunéville entfaltete aber auch keine Sperrwirkung gegen die Vergrößerung der Entschädigungsmasse unter Einbeziehung der Reichsstädte[35]. Namentlich Preußen und Baden, aber auch Bayern, Württemberg, Hessen-Darmstadt und Hessen-Kassel nutzten die machtpolitische Konstellation in Europa und erweiterten ihre Territorien in einem Umfang, der die Verluste auf dem linken Rheinufer bei weitem überstieg[36]. Preußen erhielt für 48 Quadratmeilen Verlust 235 Quadratmeilen (§ 3 RDH), Baden für acht Quadratmeilen Verlust 59 Quadratmeilen (§ 5 RDH), insbesondere aus der pfälzischen Konkursmasse, darunter Heidelberg und Mannheim, „mit welchen Baaden die größten, volkreichsten und schönsten Städte, das größte Schloß und die einzige Universität seines alten und neuen Landes erhalten hat“[37]. Auch Bayern (290 für 255) und Württemberg (29 für sieben Quadratmeilen) verwandelten den linksrheinischen Verlust in einen überproportionalen Zuwachs auf der rechten Rheinseite (§§ 2 und 6 RDH). Hannover handelte sich das

35 Eingehend zur Städtepolitik im Vorfeld des Deputationshauptschlusses Schroeder (o. Anm. 26), S. 67 ff.

36 Zur vorzeitigen Inbesitznahme der Entschädigungslande – teils „eigenthümlich“, teils „militairisch“ – vgl. die Zitate bei Adam Christian Gaspari, Der Deputations-Receß, Erster Theil, 1803, S. 114 f.: Mainz drängte unter dem Eindruck der vorgreifenden Vollzugshandlungen in der Deputation auf rasche Verhandlungen.

37 Adam Christian Gaspari, Der Deputations-Receß, Zweyter Theil, 1803, S. 82.

Bistum Osnabrück ein (§ 4 RDH), obwohl es links des Rheins keine Verluste hinzunehmen hatte. Daß der Rhein „ein zwischen der französischen Republik und dem Deutschen Reiche gemeinschaftlicher Strom geworden ist" (§ 39 RDH), stellte der Deputationshauptschluß nur noch beiläufig fest. Karl Ernst Adolf von Hoff sah in seiner zeitgenössischen Geschichte der Reichsdeputation allenthalben Habsucht am Werk[38].

Der *Mediatisierung*, die weltliche *Reichs*stände in die *Landes*unmittelbarkeit überführte, entgingen von den 51 Reichsstädten nur sechs: „Das Kollegium der Reichsstädte besteht in Zukunft aus den freyen und unmittelbaren Städten: Augsburg, Lübeck, Nürnberg, Frankfurt, Bremen und Hamburg" (§ 27 Abs. 1 RDH[39]). In das Kurfürstenkolleg traten Württemberg, Baden, Hessen-Kassel und Salzburg ein; Trier und Köln schieden aus. Der Mainzer Erzbischof bewahrte als einziger geistlicher Kurfürst weltliche Hoheitsgewalt, nunmehr als Erzbischof von Regensburg-Aschaffenburg; § 25 RDH schlug zudem Wetzlar dem Herrschaftsgebiet des Reichserzkanzlers zu. Indem § 26 RDH im Kreise der geistlichen Fürstentümer nur zwei Ausnahmen zuließ, dokumentiert er das ganze Ausmaß der Herrschaftssäkularisation: „Aus Rücksicht für die Kriegsdienste ihrer Glieder, werden der teutsche und der Maltheser-Orden der Säkularisation nicht unterworfen". Alle anderen gingen in weltlichen, im Zuge der raumgreifenden Umgestaltungen jetzt häufig konfessionell gemischten Territorien auf; man denke nur an die lutherische Markgrafschaft Baden, die im Kurfürstentum Baden mit katholischen Diözesananteilen und den reformierten Kirchen der ehemaligen Kurpfalz im Zeichen der Toleranz zusammenfand. Die Reichsritterschaft blieb erhalten, wie das Reichsgutachten (Dok. 10) in Ziff. 3 ausdrücklich klarstellte. Faktisch jedoch setzte sich das moderne

38 Hoff (o. Anm. 34), S.54: „Die größte Spannung herrschte überall, Unruhe erfüllte die Gemüther der Großen und Kleinen. Von Habsucht und Eifersucht war sie bei jenen, von Furcht und Habsucht bei diesen erzeugt."

39 Bereits Art. IV der französisch-preußischen Konvention vom 5.8.1796 (Dok. 3) schrieb die Unabhängigkeit von Hamburg, Bremen und Lübeck fest.

Prinzip der flächenstaatlichen Territorialhoheit überall gegen den reichsritterschaftlichen Herrschaftsanspruch durch.

Sieht man von den linksrheinischen Verlusten ab (darunter die Reichsstädte Köln, Aachen, Worms und Speyer), stellten sich allein die rechtsrheinischen Folgewirkungen in Zahlen wie folgt dar: Der Deputationshauptschluß hob dort, rechts des Rheins, 112 Reichsstände auf, darunter die Reste der Pfalz und der geistlichen Kurfürstentümer Köln und Trier, 19 Reichsbistümer, 44 Reichsabteien und 41 Reichsstädte. Notwendig verschoben sich die Gewichte zwischen den Religionsparteien. Im Kurfürstenrat saßen jetzt noch vier katholische Fürsten sechs evangelischen gegenüber (vgl. § 31 RDH), auf der Städtebank sah sich das paritätische Augsburg mit fünf evangelischen Städten konfrontiert. „Die verfassungsmäßige Stellung der katholischen Kirche in Deutschland, auf der ihre Sonderentwicklung seit 1648 beruht hatte, war mit dem Reichsdeputationshauptschluß zerstört.“[40] Das Heilige Römische Reich säkularisierte sich selbst.

Die Vermögenssäkularisation

Die Aufhebung der geistlichen Reichsstände vernichtete nicht nur das *Imperium*, die Territorialhoheit der betroffenen Fürsten. Die Erwerber traten zugleich in das *Dominium*, in die Vermögensrechte der säkularisierten Fürstentümer ein. Damit ging der Reichsdeputationshauptschluß über die Abreden in Rastatt und Lunéville hinaus. Der gleiche, berühmte § 63 RDH, der die „bisherige Religionsübung eines jeden Landes“ „gegen Aufhebung und Kränkung aller Art“ zu schützen versprach[41] und als status quo-Garantie auch des Vermögensstandes gilt, erhielt, wie Jo-

40 v. Aretin (o. Anm. 12), S. 500. Härter (o. Anm. 24), S. 600 ff., zu den neuen, evangelisch dominierten Mehrheitsverhältnissen am Reichstag und zu den Themen der anstehenden Reichsreform.

41 Zur Aufhebung des fürstlichen jus reformandi Hans-Wolfgang Strätz, in: Langner (Hrsg.), Säkularisation und Säkularisierung im 19. Jahrhundert, 1978, S. 31 (48 ff.).

hannes Heckel formuliert hat, „nur dasjenige Mindestmaß an Kirchenvermögen, das für eine dem Zeitgeist der Aufklärung gemäße und in diesem Sinn geläuterte Religionsübung unentbehrlich war“[42]. Die Schutznorm stand im Zusammenhang mit tiefgreifenden Eingriffsnormen. § 34 RDH erfaßte die reichsunmittelbaren Bistümer und Abteien, säkularisierte das gesamte Amtsvermögen der geistlichen Reichsstände, einschließlich der dem Domkapitel und seinen Dignitären zugehörenden Güter. § 35 RDH überstellte das Kirchengut der landsässigen Stifter, Abteien und Klöster der „freyen und vollen Disposition der respectiven Landesherrn, sowohl zum Behuf des Aufwandes für Gottesdienst, Unterrichts- und andere gemeinnützige Anstalten, als zur Erleichterung ihrer Finanzen“[43] – eine reichsrechtliche Ermächtigung zur konfiskatorischen *Landes*-Säkularisation in den weltlich regierten Territorien. Die Klöster mochten sich in Kasernen, Gefängnisse oder Irrenanstalten verwandeln, die Kirchen in Armeedepots. Der Beauftragte Preußens in Münster und Paderborn, der Freiherr vom Stein, Protestant, ging dabei skrupulöser ans Werk als die katholischen Säkularisierer in Bayern[44]. § 42 RDH richtete sich gegen die Klostergemeinschaften schlechthin und unterwarf sie der Verfügungsgewalt der Landesherrn. Das Kloster als „eine Kardinalform des katholischen Lebens erschien der individualistischen Aufklärung ganz sinnlos“[45]. Vom *Dispositionsgut* (§ 35 RDH) grenzte § 65 RDH *Stif-*

42 Heckel (o. Anm. 18), S. 117.

43 Näher dazu Anton Scharnagl, in: Historisches Jahrbuch 1951, S. 238 (240 ff., bes. 259 zur weitreichenden Aufhebung der „Dispositionsklöster“ in Bayern); Hömig (o. Anm. 19), S. 113 ff.

44 Rudolfine Freiin von Oer, in: Langner (Hrsg.), Säkularisation und Säkularisierung im 19. Jahrhundert, 1978, S. 9 (19 ff., 23). Dort (S. 20 Fußn. 40 mit Nachw.) auch das überlieferte Wort des bayerischen Kommissars Schilcher, der ein verbliebenes Kloster mit zusammengezogenen Geistlichen aus aufgehobenen Klöstern „Crepieranstalt für die halsstarrigen klostertreuen Individuen“ nannte.

45 Ernst Mayer, in: Festgabe Julius Binder, 1930, S. 146; zitiert nach Heckel (o. Anm. 18).

tungsgut ab, um „fromme und milde Stiftungen ... zu conserviren, doch so, daß sie der landesherrlichen Aufsicht und Leitung untergeben bleiben“[46].

Doch gilt § 35 RDH zugleich als „Urbild der Begründung von Unterhaltslasten als Säkularisations-Folge“[47]. Mit der Vermögenssäkularisation im Wege der Universalsukzession übernahm der Staat altrechtliche Lasten, insbesondere Bau- und Unterhaltungskosten (Haftungsübergang bei Gesamtrechtsnachfolge[48]). Dazu rechneten Unterhaltsleistungen, die durch Inkorporation von Pfarreien entstanden waren und mit der Säkularisation der Inkorporationsherren (Klöster, Stifte) nunmehr auf die Rechtsnachfolger übergingen[49]. Neue Staatsleistungen begründeten die §§ 35, 47 RDH: Pensionslasten zur höchstpersönlichen „Sustentation der Geistlichkeit“[50] und Bistumsdotationen[51].

46 Dazu Strätz (o. Anm. 41), S. 54: „teilweise säkularisiert“; Heckel (o. Anm. 18): „Die erstgenannte Reduktion des Kirchengutes [§§ 35, 42 RDH] traf die römisch-katholische Kirche aufs härteste; die zweite [§ 65 RDH] war ein furchtbarer Schlag gegen die protestantische Kirche.“

47 Josef Isensee, in: Listl/Pirson, Handbuch des Staatskirchenrechts der Bundesrepublik Deutschland, Erster Band, 2. Aufl. 1994, S. 1009 (1011). Dort (S. 1017) auch zum Schutz der vorkonstitutionell begründeten Staatsleistungen durch Art. 140 GG i.V.m. Art. 138 Abs. 1 WRV: „Bestandsgarantie auf Widerruf“.

48 Dazu bemerkte der Mainzer Delegierte in der zweiten Sitzung der Deputation am 31.8.1802 (Adam Christian Gaspari, Der Deputations-Receß, Erster Theil, 1803, S. 116), „es sey nöthig, bey den anzuweisenden Entschädigungen zugleich deutlich auszudrücken und festzusetzen, daß auf den neuen Besitzer eben so alle auf seinen Entschädigungslanden haftende Verbindlichkeiten übergiengen, wie ihm anderer Seits alle deren Rechte und Einkünfte zufielen“. Siehe auch § 77 RDH.

49 Vgl. Strätz (o. Anm. 41), S. 53 f.

50 Vgl. auch §§ 24, 51–53, 64, 66 und 72 RDH.

51 Eingehend dazu Hömig (o. Anm. 19), S. 105 ff., insbesondere auch zur späteren Ablösung der Bistumsdotationen durch Konkordate und andere Rechtstitel.

„Die Einziehung des Eigentums der Bischofsstühle, der Domkapitel und der Reichsabteien war nicht nur ein schwerer Eingriff in das kirchliche Vermögen, sondern zerstörte auch die vermögensrechtliche Grundlage der engen Beziehungen von Klerus und Adel, die bis dahin ein Kennzeichen der Kirchenverfassung, der Gesellschaftsordnung und zugleich der Staatsverfassung war."[52] Mit dem Reichsdeputationshauptschluß beginnt die Entfeudalisierung des hohen Klerus und eine Rückbesinnung auf das geistliche Proprium im geistlichen Amt, das fortan auch Bürgerlichen offenstand[53]; zwischen 1803 und 1813 soll in Deutschland kaum ein Angehöriger adliger Familien in den Priesterberuf eingetreten sein. Den deutschen Katholizismus traf besonders hart die Auflösung fast aller seiner Universitäten[54]. Wenn man mit Johannes Heckel im Zugriff des Staates auf das Kirchengut ein untrügliches Zeugnis für sein inneres Verhältnis zu Religion und Kirche findet, kommt man zu dem Schluß: „Die Einheit von Staat und Kirche wurde damals in der Wurzel zerschnitten."[55]

Das neue Recht der Revolution

Wenn zu einer Revolution Gewaltanwendung, Rechtsbruch und ein Paradigmenwechsel gehören, dann ging dem Reichsdeputa-

52 Ernst Rudolf Huber (o. Anm. 15), S. 52.

53 v. Treitschke (o. Anm. 27, S. 182), sah darin wohl den Anfang einer Entwicklung, die dem Kulturkampf den Boden bereitete: „Der neue plebejische Klerus, der nun heranwuchs, stand der bürgerlichen Gesellschaft fern; er grollte dem neuen Deutschland wegen des großen Kirchenraubes, er kannte keine Heimat als die Kirche und fügte sich, als späterhin die römischen Weltherrschaftspläne wieder erwachten, den Geboten des Papstes mit einem blinden Diensteifer, der für die Kurie kaum weniger wertvoll war als vordem die landesfürstliche Macht der selbstbewußten alten Prälatur." Vgl. auch Freiin von Oer (o. Anm. 44), S. 27 f.

54 Heribert Raab, in: Langner (Hrsg.), Säkularisation und Säkularisierung im 19. Jahrhundert, 1978, S. 63 ff.

55 Heckel (o. Anm. 18), S. 118.

tionshauptschluß eine sukzessive, wesentlich von außen beförderte Fürstenrevolution voraus. Die Gewalt der Koalitionskriege brachte im Zeichen der Machtpolitik reichsverfassungswidrige Verträge deutscher Fürsten mit Frankreich hervor (Dok. 2–6). Diese Verträge leiteten den Paradigmenwechsel ein: weg vom Schirm der Reichsverfassung, die ihren Schutz nicht von Einfluß und Stärke, sondern von altrechtlicher Zugehörigkeit abhängig gemacht hatte, und hin zur Fürstensouveränität, die sich selbst im wohlverstandenen Eigeninteresse nach außen und innen binden mochte, aber der Idee nach den Ausgangspunkt aller Staatlichkeit bildete. Kurz: Beschirmte Stände verwandelten sich in souveräne Staaten. Das gab der Reichsrevolution den Charakter einer Fürstenrevolution, die über das Alte Reich in seiner eigen- und altertümlichen Statik hinwegging. Nur: Auf absehbare Zeit, im Schatten des mächtigen Konsuls Bonaparte, führte die Idee der Unabhängigkeit in eine neue Abhängigkeit, die allerdings nicht mehr von überkommenen Fundamentalgesetzen geprägt war, sondern von französischer Hegemonie und wahrhaft souveränen Plänen der Welteroberung.

Der Reichsdeputationshauptschluß war das erste – und letzte – Reichsgrundgesetz *nach* dieser Revolution, die 1792 einsetzte und 1801 in Lunéville zu einem förmlichen Abschluß kam. Der Deputationshauptschluß erteilte ihr das reichsrechtliche Placet; er beurkundete das neue Recht der Revolution. Als Dokument einer „legalen Revolution" erscheint er nur, wenn man seine Voraussetzungen zu seinem Inhalt umdeklariert. Mit größerem Recht kann der Traktat von Lunéville als Revolutionsdokument gelten. Indem er auf den Rastatter Kongreß Bezug nahm, öffnete er das Reichsrecht für Grundsätze, die spätestens seit 1796 von der Idee des wohlarrondierten Territoriums als Grundlage eigener Souveränität bestimmt waren. Bezeichnenderweise war der Frieden von Lunéville zugleich völkerrechtlicher Vertrag. Damit verweist er auf die gesamteuropäischen und insbesondere von Frankreich gesetzten Bedingungen der Fürstenrevolution in der Mitte des Kontinents.

Der Reichsdeputationshauptschluß zog die Konsequenzen, rechtswirksam und rechtmäßig, wenn man ihn an den Maßstäben mißt, die seit Lunéville galten. Auch sein Zustandekommen war rechtmäßig[56]. Als das Reichsgutachten im Januar, Februar und März 1803 im Reichstag zur Abstimmung stand, erhob sich keine Gegenstimme. Die Protokolle vermerkten „abwesend" und oft „vacat". Viele säkularisierte Reichsstände hatten zuvor bereits auf ihre Herrschaftsrechte und damit de iure auf ihre Vertretung im Reichstag verzichtet. Andere zogen der Abstimmung über ihren eigenen Untergang die schlichte Abwesenheit vor. Der Ablauf spiegelte das allgemeine Bewußtsein, daß der Reichstag nur noch ins Werk setzte, was seit Jahren von den kriegführenden Mächten vorverhandelt und dann von den „hohen vermittelnden Mächten"[57] im französisch-russischen Entschädigungsplan vorentschieden worden war: Indemnisation durch Säkularisation.

La troisième Allemagne

Die letzten Bemühungen um eine Reichsreform scheiterten: an Österreichs eigensüchtiger Politik der Desintegration und an Frankreichs Hegemonialpolitik, die das Reich in drei Machtsphären zerfallen ließ. Franz II. reagierte auf Napoleons Selbsterhebung zum Kaiser der Franzosen (18. Mai 1804) nicht mit selbstbewußter Verteidigung des römisch-deutschen Kaisertums. Reichsverfassungswidrig errichtete er das *Kaisertum Österreich* und nahm er den Titel eines erblichen Kaisers von Österreich an (10. August 1804). Die Schwächung des abendländischen Kaisertums durch den Rückzug Franz' II. in ein Hauskaisertum war ganz im Sinne Napoleons, der, immer den großen historischen Linien verpflichtet, sich selbst in der Nachfolge Roms und Karls des Großen sehen wollte. Darum unterstützte er das neue, junge Kaisertum der Habsburger, das die reichsständischen Besitzungen wie selbstverständlich einbezog; dem

56 Anders Hömig (o. Anm. 19), S. 40 ff. Alle Quellen zum Ablauf im Reichstag verwertet Härter (o. Anm. 24), S. 594 ff.

57 Siehe zu dieser Wendung die Präambel und § 43 des RDH, sowie das Reichsgutachten zum RDH (Dok. 10).

König von Preußen bot er eine norddeutsche Kaiserkrone an[58] – beides auf Kosten der altehrwürdigen Legitimität, die sich aus römisch-deutscher Tradition speiste. Das Patent über die Annahme des österreichischen Kaisertums (Dok. 12) gab, kaum verhüllt, der Befürchtung Ausdruck, daß die deutsche Kaiserkrone die Ranggleichheit in Europa auf Dauer nicht werde sichern können: „Wir sehen Uns demnach zur dauerhaften Befestigung dieser vollkommenen Rangs-Gleichheit veranlaßt und berechtiget, nach den Beispielen, welche in dem vorigen Jahrhundert der Russisch-Kaiserliche Hof, und nunmehr auch der neue Beherrscher Frankreichs gegeben hat, dem Hause von Österreich, in Rücksicht auf dessen unabhängige Staaten, den erblichen Kaiser-Titel gleichfalls beizulegen." Der Text bezeichnete die Herrscherfiguren, die der kommenden „Drei-Kaiser-Schlacht" den Namen geben sollten; der römisch-deutsche Kaiser kam auch dabei nicht mehr in Betracht.

Auch den in Lunéville „auf immer" geschlossenen Reichsfrieden respektierte Napoleon nicht. Der Einfall französischer Besatzungstruppen in Hannover (Juni 1803) verletzte die Integrität des Reiches und provozierte England ebenso wie Preußen, das seine Interessensphäre und die in Basel stipulierte Neutralität Norddeutschlands beeinträchtigt sah. Der Zugriff gab den Warnungen derer recht, die seit 1799 versicherten, daß mit einem unbesiegten Napoleon Frieden nicht zu machen sei. Der Kaiser der Franzosen zog alle Empörung Europas auf sich, als er im März 1804 den Herzog von Enghien, einen Bourbonen, auf Reichsgebiet entführen und in Frankreich hinrichten ließ. „Diese Aktion galt als zweiter Königsmord und wurde als Bruch Napoleons mit den europäischen Monarchen interpretiert."[59]

Doch das Reich trat als wehrfähiger Akteur nicht mehr in Erscheinung. Der Dritte Koalitionskrieg (1805) forcierte die Dreiteilung Deutschlands. Die Bedrohung seiner italienischen Besitztümer trieb Österreich in die antifranzösische Allianz mit

---

58 Zur „überängstlichen" Politik Friedrich Wilhelms III. v. Aretin (o. Anm. 12), S. 514 f.

59 Wunder (o. Anm. 23), S. 105.

England und Rußland[60]. Bayern, Württemberg, Baden und Darmstadt schlugen sich auf die Seite Frankreichs – und stellten sich damit einmal mehr gegen Kaiser und Reich. Wieder trug Napoleon den Sieg davon. Die eingekesselte österreichische Armee unter General Mack kapitulierte am 17. Oktober 1805 in der Festung Ulm; „die Welt erfuhr zum ersten Male, was es bedeutete, daß die französische Militärmacht jetzt durch die kriegerische Kraft der rheinischen Lande und des deutschen Südens verstärkt war"[61]. Nach dem Einzug der französischen Truppen in Wien am 13. November brachte die Drei-Kaiser-Schlacht bei Austerlitz (2. Dezember 1805) die endgültige Entscheidung im Dritten Koalitionskrieg. „Die Koalition war zu Ende. Der Krieg war zu Ende. Die Freiheit Europas war zu Ende."[62]

Den offenen, in Bündnisverträgen besiegelten Verfassungsbruch der Mittelstaaten übertraf nur noch Preußen, das zwar der Koalition (allzu) spät beitrat, aber nach der Niederlage nicht anstand, im Schönbrunner Vertrag vom 15. Dezember 1805[63] mit Frankreich die Übernahme Hannovers zu verabreden. So ging ein deutscher Reichsstand, noch dazu ein Kurfürstentum, in der französisch-preußischen Verhandlungsmasse unter. Preußen betrieb nach wie vor norddeutsche Vormachtpolitik, nicht Reichspolitik. Der Friede von Preßburg (26. Dezember; Dok. 13) demütigte den Wiener Hof und beschenkte Frankreichs Schützlinge, la troisième Allemagne. Die deutschen Bundesgenossen des

60 Zu Österreichs Weg in die Koalition und dem ehrgeizigen „Programm der 3. Koalition" (europäisches Gleichgewicht, Menschenrechte) Rudolfine Freiin von Oer, Der Friede von Preßburg, 1965, S. 11 ff.; dort (S. 17 ff.) auch zu Napoleons Deutschlandpolitik („ma Fédération Germanique" aus Bayern, Darmstadt, Württemberg und Baden).

61 v. Treitschke (o. Anm. 27), S. 216.

62 Golo Mann (o. Anm. 5), S. 153.

63 Dazu näher Freiin von Oer (o. Anm. 60), S. 151 ff., bes. zu den ausschlaggebenden Begegnungen des Grafen Haugwitz mit Napoleon: „Wieder gelang dem französischen Kaiser ein Meisterstück der Menschenbehandlung. ... Zum Schluß habe er Haugwitz vor die Entscheidung: Vertrag oder Krieg, gestellt."; knapp zum Schönbrunner Vertrag auch Huber (o. Anm. 15), S. 66.

Siegers hielten sich schadlos auf Kosten des Doppelkaisertums Österreich; auch die Mediatisierung der Reichsritterschaft war nun nicht mehr aufzuhalten[64]. Dieser Vertrag wußte nichts mehr von einem Deutschen Reich, nur noch von einer „Confédération Germanique". Art. VII trug den Kurfürsten von Bayern und Württemberg den Königstitel ein, und Art. XIV garantierte ihnen und dem Kurfürsten von Baden „die vollständige Souveränität". All das vollzog der Kaiser „von Deutschland und Österreich", wie zur Offenbarung, daß Krieg und Frieden das Reich besonders schwer trafen, obwohl von „Reichskrieg" und „Reichsfrieden" nie die Rede gewesen war. In Preßburg ging die Konkursverwaltung des Alten Reiches ihrem Ende entgegen; förmlich beteiligt war es daran nicht[65].

1806

Im Sommer und Herbst 1806 offenbarte sich drastisch, wie es wirklich um die süddeutsch-rheinische Souveränität, „das letzte Ziel zweier Jahrhunderte des Verrates und der Felonie"[66], und wie es in Wahrheit um Preußen stand, das zu lange in seiner Neutralität verharrt hatte.

Napoleon zwang Bayern, Württemberg, Baden, den Reichserzkanzler und einige kleinere Fürsten in den Rheinbund – eine *hegemoniale Symmachie*, wie es Heinrich Triepel in Anlehnung an antike Vorbilder genannt hat[67]. Art. 4 der Rheinbundakte

64 Zur Reichsritterschaft und ihrem Ende Schroeder (o. Anm. 26), S. 458 ff.; Härter (o. Anm. 24), S. 633 f.

65 Hömig (o. Anm. 19), S. 71, verweist auf die „Blockierung des Reichstags", „die infolge des kaiserlichen Vetos gegen § 32 RDH und der danach unerledigt gebliebenen Stimmenangelegenheit im Reichsfürstenrat eingetreten war". Vgl. dazu das Kaiserliche Ratifications-Commissions-Dekret (Dok. 11).

66 So v. Treitschke (o. Anm. 27), S. 219.

67 Heinrich Triepel, Die Hegemonie. Ein Buch von führenden Staaten, 1938, S. 538.

(Dok. 14), der den Souveränitätsanspruch der Konföderierten bekräftigte, schützte allenfalls die innere Souveränität. Denn dieser völkerrechtliche Verfassungsvertrag verbriefte in seinem Art. 35, was Napoleon vor allem interessierte: die unbedingte Heeresfolge in einer Allianz, „kraft welcher jeder Kontinental Krieg ... für alle Andern zur gemeinen Sache wird". Frankreich vergaß auch nicht, dem König von Bayern aufzugeben (Art. 37), „in Augsburg Bäckereien anzulegen, um einen Vorrath Zwieback backen lassen zu können, damit im Falle eines Krieges der Marsch der Armeen keinen Aufenthalt leide". Diese Bäckereipflicht verdankte Bayern dem Frieden zu Preßburg (Dok. 13), der durch seinen Art. XIII Augsburg dem bayerischen König zuschlug – und darin exemplarisch vorführte, wieviel die Unabhängigkeitsgarantie von 1803 (§ 27 Abs. 1 RDH) in der napoleonischen Ära wert war: seit Preßburg, 1805, war sie für Augsburg erledigt.

Art. 1 der Rheinbundakte stellte fest, die Rheinischen Bundesstaaten „werden auf ewig von dem Territorium des deutschen Reiches getrennt". „Jedes deutsche Reichsgesetz" war für sie „null und nichtig", „ausgenommen die Rechte, welche die Gläubiger und Pensionisten durch den Receß von 1803 erlangt haben, desgleichen die Verfügung des 39. Artikels dieses Receßes in Betreff der Rheinschifffahrts-Octroi" (Art. 2). Die Rheinbundakte unterwarf die nach 1803 noch verbliebenen kleinen Reichsstände im Süden und Südwesten den stärkeren oder auch nur glücklicheren Rheinbund-Fürsten. Die Bereicherten vollzogen diese Mediatisierungen mit der rohen Kraft eines Vertrages zu Lasten Dritter, aber nicht mehr auf reichsverfassungsrechtlicher Grundlage. Ihre Reichsstandschaft, die Art. VII des Preßburger Vertrages noch einmal bekräftigt hatte, bedeutete nichts mehr; Art. 3 der Rheinbundakte verlangte nur noch, die Trennung vom Reich deklaratorisch anzuzeigen. Art. 12 erhob den Kaiser der Franzosen zum Protektor des Bundes. Doch niemand durfte unter einem Protektor in der Gestalt Napoleons die Entstehung eines Staatenbundes erwarten: Der Bundestag (Art. 6) trat nie zusammen, das Fundamentalstatut (Art. 11) kam nie zustande. Die deutschen Fürsten dachten ihrerseits nicht daran, von der errungenen Souveränität mehr aufzuopfern als nötig war, um im Schatten der französischen Hegemonie die Existenz ihrer Staaten zu sichern. Sie suchten nicht Bewegung um ein neues bündisches Zentrum, sondern die „Befestigung der inneren und äußeren Ruhe", wie es in der Erklärung über ihren Austritt aus dem Reich (Dok. 15) hieß.

Mit dieser offenen, schnörkellosen Erklärung vom 1. August 1806 nahmen die Regensburger Gesandten der abtrünnigen Staaten Abschied vom Alten Reich und seiner „fehlerhaft gewordenen Verfassung". Ihre Absicht, sich „eines mächtigen Schutzes" zu versichern, verhehlten sie nicht. Doch im Zentrum der Erklärung stand der Text der Exkulpation, und darin erweist sie sich als historisches Dokument. Die Rheinbund-Fürsten deuteten ihren Separatismus – mit Recht – als Produkt einer „Trennung", die auf den österreichisch-preußischen Dualismus zurückging. „1795" steht für die Abschottung der nördlichen Einflußsphäre. „Von diesem Augenblicke an mußten nothwendig alle Begriffe von gemeinschaftlichem Vaterlande und Interesse verschwinden" – und was folgte, erscheint als unaufhaltsame Konsequenz der bedrängten, heimatlos gewordenen „Reichsmitstände": „Indem sie sich durch gegenwärtige Erklärung von ihrer bisherigen Verbindung mit dem deutschen Reichskörper lossagen, befolgen sie bloß das durch frühere Vorgänge und selbst durch Erklärungen der mächtigeren Reichsstände aufgestellte System."

Die Berufung auf die clausula rebus sic stantibus entsprach der Lage der Dinge[68]. Der Schutz der Schutzbedürftigen, diese Grundidee der Reichsverfassung, war in der Zeit der Revolutionskriege und der napoleonischen Feldzüge nicht mehr gewährleistet. Die Versäumnisse der Führungsmächte Österreich und Preußen wogen schwerer als das reaktive Streben nach der „plénitude de la souveraineté". Die mittleren Reichsstände folgten nur dem Gesetz des aus der Not geborenen Opportunismus.

68 A.A. Huber (o. Anm. 15), S. 69 f., der eigenes korrektes Verhalten voraussetzt, den Rheinbundstaaten aber vorhält, sie hätten selbst wesentlich dazu beigetragen, das wankende Reich zu stürzen.

Daß sie aus dieser Not eine Tugend machten, sich zu arrondieren wußten und zu lebensfähigen Staaten größeren Zuschnitts erhoben, rechnet zu ihren bleibenden Leistungen. Als erstarkte Akteure spielten sie eine Rolle auf dem Wiener Kongreß, im Deutschen Bund und in der deutschen Bundesstaatsgeschichte nach 1871.

Der Kaiser geriet ausweglos in Bedrängnis, verlassen von den Rheinbundstaaten und bedroht von Napoleon, der ultimativ forderte, daß Franz II. die Krone des Reichs niederlege. Zudem hatte Frankreich durch Erklärung vom 1. August 1806[69] dem Reich die völkerrechtliche Anerkennung entzogen. Dem Kaiser blieb nur die Wahl, dieser Erklärung wie einer Kriegserklärung entgegenzutreten – oder sich zu beugen. Der Krone des Reichs, die Franz II. niederlegte, war ohnehin schon, folgt man nur seinem Wort vom 6. August (Dok. 16), das reichsoberhauptliche Amt abhanden gekommen. Denn nicht erst mit seiner Erklärung, sondern „durch die Vereinigung der conföderirten rheinischen Stände“ seien Amt und Würde erloschen. Diese Deutung gab der Abdikation einen deklaratorischen Charakter, so sehr sie auch im übrigen als konstitutiver Auflösungsbeschluß erscheint: „Wir entbinden zugleich Churfürsten, Fürsten und Stände und alle Reichsangehörigen, insonderheit auch die Mitglieder der höchsten Reichsgerichte und die übrige Reichsdienerschaft, von ihren Pflichten, womit sie an Uns, als das gesetzliche Oberhaupt des Reichs, durch die Constitution gebunden waren.“

Hat das Reich rechtlich fortbestanden bis 1813/15, bis zum freien Verzicht auf eine Renovatio Imperii[70]? Dazu hat Ernst Rudolf Huber treffend bemerkt: „In Wahrheit waren im Reich selbst die sprengenden Kräfte so stark, war der Mangel an innerer Einheit so evident, war die Zersetzung der Reichsgesinnung so weit fortgeschritten, daß es der Wirklichkeit nicht gemäß wäre, für diese Zeit von einer rechtlichen Fortdauer des Reiches im

69 Text bei Ernst Rudolf Huber, Dokumente zur deutschen Verfassungsgeschichte, 3. Aufl. 1978, S. 36 f.

70 „Dafür war das Reich zu verachtet.“ – So Roellecke (o. Anm. 6), S. 76.

scheinbaren Untergang zu sprechen."[71] Das ist freilich auch Hubers These entgegenzuhalten, die Erklärung des Kaisers vom 6. August 1806 sei, soweit sie das Ende des Reichs und seiner Einrichtungen aussprach, rechtsunwirksam gewesen[72]. Gewiß, die Existenz des Reichs stand nicht zur Disposition des Kaisers allein; die nach der Austrittserklärung vom 1. August noch verbliebenen Kurfürsten und der Reichstag hätten die Auflösung des Reichs mitbeschließen müssen, wenn es auf Legalität noch angekommen wäre. Doch galt hier unter umgekehrten Vorzeichen der Zusammenhang zwischen Existenz und Essenz, der auch die Verfassunggebung prägt. So wie die Formgebung durch Verfassungsrecht die staatliche Existenz (im Werden) voraussetzt, so wird eine verfassungsmäßige Auflösung des Staates gegenstandslos, wenn der Staat nicht mehr existiert.

Franz II., fortan noch Franz I. von Österreich, erklärte seine Abdikation in diesem Sinne. Mit dem Austritt der Rheinbundstaaten sah er auch die letzte „gehegte Erwartung vollends vernichtet" und gelangte so zu der „Ueberzeugung von der gänzlichen Unmöglichkeit, die Pflichten Unseres kaiserlichen Amtes länger zu erfüllen" (Dok. 16). Wenn nicht Hegels Verfassungsschrift von 1802 (Dok. 8) seinerzeit unveröffentlicht geblieben wäre[73], dann hätte sich der Kaiser auf ihren ersten Satz berufen können: Deutschland ist kein Staat mehr.

---

71 Huber (o. Anm. 15), S. 73.

72 Ebenda S. 71 f.

73 Dazu Maier (o. Anm. 8), S. 334: erste vollständige Textausgabe erst 1893.

1 Wahlkapitulation des römischen Kaisers Franz II.

5. Juli 1792

Art. I. Schutz der Kirche, des Reichs, der Stände und eines jeden bei dem Seinigen.

§ 1. Zum ersten, daß Wir in Zeit solcher Unserer königlichen Würde, Amt und Regierung die Christenheit, den Stuhl zu Rom, päpstliche Heiligkeit, und christliche Kirche als derselben Advokat in gutem treulichen Schutz und Schirme halten sollen und wollen.

§ 2. Wie wir dann auch in alle Weege wollen die deutsche Nation, das heilige römische Reich, und die Kurfürsten, als dessen vorderste Glieder und des heiligen römischen Reichs Grundsäulen, besag der goldenen Bulle, sonderlich des dreizehnten Titels, dann auch die Fürsten, Prälaten, Grafen, Herrn und Stände (die unmittelbare freie Reichsritterschaft mit begriffen) bei ihren Hoheiten, geist- und weltlichen Würden, Gerechtigkeiten, Macht und Gewalt, wie sie dieselbe in und außer ihren Territorien hergebracht haben, sonst auch einen jeden bei seinem Stand und Wesen lassen; insonderheit wollen wir die Erz- und Bischöfe bei dem bisher ruhig besessenen Umfange ihrer Erz- und Bisthümer, so wie ihrer Metropolitan- und Diözesangerechtsame, dort, wo ihr *jus dioecesanum* und ihre geistliche Gerichtsbarkeit durch den westphälischen Frieden nicht suspendirt ist, erhalten;

[…]

Art. II. Erhaltung der Reichsverfassung. Verbot gefährlicher Schriften.

§ 1. Wir sollen und wollen das Reich, soviel in Unsern Kräften ist, schirmen und vermehren;

§ 2. Uns keiner Sukzession oder Erbschaft desselben anmaßen, unterwinden, noch unterfangen, noch darnach trachten, dasselbe auf Uns, Unsere Erben und Nachkommen, oder auf jemand anders zu wenden.

§ 3. Wollen die goldene Bulle, den Frieden in Religions- und Profansachen, wie er auf dem zu Augsburg im Jahre 1555 gehaltenen Reichstage aufgerichtet, verabschiedet, verbessert, auch in den darauf erfolgten Reichsabschieden wiederholet und konfirmiret worden, sonderlich aber obgedachte münster- und osnabrückische Friedensschlüsse [...], wie auch insonderheit alles dasjenige, was bei vorigen Reichstagen oder Reichsdeputationen verabschiedet und geschlossen, und durch die nachfolgenden Reichskonstitutionen und Gesetze oder das rechtmäßige Reichsherkommen nicht wieder aufgehoben worden, oder bei gleichmäßigen Reichsversammlungen ferner für gut befunden und geschlossen werden mögte, mit Inbegriffe der über den Beitritt und die Einwilligung zum dresdner und teschner Frieden vorhandenen Reichsschlüsse, gleich wäre es dieser Kapitulation von Worten zu Worten einverleibet, stet, fest und unverbrüchlich halten, und unter keinerlei Vorwande, es sey wer er wolle, ohne Kurfürsten, Fürsten und Stände, auf einem Reichs- oder Deputationstage vorgehende Bewilligung, daraus schreiten [...]

§ 4. Desgleichen auch andere des heiligen Reichs Ordnungen und Gesetze, soviel dem obgedachten im Jahr 1555 zu Augsburg aufgerichteten Reichsabschiede und mehr erwähnten Friedensschlusse nicht zuwider sind, erneuern, und dieselben mit Konsens Kurfürsten, Fürsten und Stände, wie es des Reichs Gelegenheit jederzeit erfordert, bessern, keineswegs aber ohne Kurfürsten, Fürsten und Stände auf Reichstagen gleichmäßig vorgehende Bewilligung ändern;

§ 5. Vielweniger neue Ordnungen und Gesetze im Reiche machen, noch allein die Interpretation der Reichssatzungen und Friedensschlusses vornehmen, noch dergleichen dem Reichshofrath oder Kammergerichte gestatten, sondern mit gesamter Stände Rath und Vergleichung auf Reichstägen damit verfahren, zuvor aber darinn nichts verfügen noch ergehen lassen, als welches solchenfalls ungiltig und unverbindlich seyn soll;

§ 6. Zumal auch diejenigen, so sich gegen jetzt ermeldten Friedensschluß und darinn bestättigten Religionsfrieden, als ein immerwährendes Band zwischen Haupt und Gliedern, und diesen unter sich selbst zu schreiben, oder etwas in öffentlichen Druck herauszugeben (als dadurch nur Aufruhr, Zwietracht, Mißtrauen und Zank im Reich angerichtet wird) unternehmen würden oder sollten, gebührend abstrafen, die Schriften und Abdruck kassiren, und gegen die Authores sowohl als Complices, wie erst gemeldet, mit Ernste verfahren, auch alle wider den Friedensschluß eingewendete Protestationes und Contradictiones, sie haben Namen wie sie wollen, und rühren, woher sie wollen, nach besag erstgedachten Friedensschlusses verwerfen und vernichten, wie sie dann auch längst verworfen und vernichtet sind. [...]

Art. III. Von den Kurfürsten, römischen Königswahl, Reichsvikariaten, Reichsgrafen, Reichserbämtern, Erz- und Hofmarschalle.

§ 1. Wir sollen und wollen des heiligen römischen Reichs Kurfürsten, als dessen innerste Glieder und die Hauptsäulen des heiligen Reichs, jederzeit in sonderbarer hoher Konsideration halten:

§ 2. Denselben, wie bereits im Eingange dieser Unserer Kapitulation geschehen, also auch fürohin das Prädikat respective Hochwürdigst und Durchlauchtigst zulegen, und damit kontinuiren;

§ 3. Sodann in wichtigen Sachen, so das Reich antreffen, nach Anleitung der goldenen Bulle, jedoch dem Friedensschluß ohne Abbruch, ihres Raths, Bedenkens und Gutachtens Uns gebrauchen, auch ohne dieselben hierinn nichts vornehmen, überhaupt aber ihre der Kurfüsrten Vorstellungen und Gesinnungen, auch alsdann, wenn sie aus eigenem Antriebe an uns gebracht werden, gern vernehmen, und uns darauf nach Beschaffenheit der Umstände jedesmal mit kaiserlichem Vertrauen zurückäussern.

§ 4. Sie bei ihrer wohlerlangten Kurwürde und sonderbaren Rechten, Hoheiten, Präeminentien und Prärogativen, insonderheit auch die weltlichen Kurhäuser bei ihrem Primogeniturrechte, ohne dasselbe restringiren zu lassen, erhalten, besonders wie allsolche in der goldenen Bulle ausgedrückt sind;
[...]

§ 9. Wir sollen und wollen auch die Kurfürsten, ihre Nachkommen und Erben bei ihrer freien Wahlgerechtigkeit, nach Inhalt der goldenen Bulle, verbleiben lassen.
[...]

Art. IV. Stimmrecht der Stände. Krieg. Kaiserliche, fremde Völker. Schutz der Stände. Friede.

§ 1. In allen Berathschlagungen über die Reichsgeschäfte, insonderheit diejenigen, welche in dem *Instrumento Pacis* namentlich exprimirt und dergleichen, sollen und wollen Wir die Kurfürsten, Fürsten und Stände des Reichs ihres *juris Suffragii* sich gebrauchen lassen, und ohne derselben reichstägige freie Beistimmung in selbigen Dingen nichts vornehmen noch gestatten.

§ 2. Wir sollen und wollen auch Uns in Zeit Unserer Regierung gegen die benachbarten christlichen Mächte friedlich halten, Ihnen allerseits zu Widerwärtigkeit gegen das Reich keine Ursache geben, weniger das Reich in fremde Kriege impliziren, sondern Uns aller Assistenz, daraus dem Reiche oder dessen Ständen Gefahr und Schaden entsteht, gänzlich enthalten, auch kein Gezänk, Fehde, noch Krieg in- und ausserhalb des Reichs von desselben wegen, unter keinerlei Vorwande, wie der auch sey, anfangen, oder Bündniß mit ihnen machen, es geschehe dann solches mit der Kurfürsten, Fürsten und Stände Konsens auf offenem Reichstage, oder zum wenigsten der sämtlichen Kurfürsten Vorwissen, Rath und Einwilligung in eilenden Fällen, wo hernächst gleichwohl und sobald mit gesamtem Reiche die Gebühr zu beobachten.

§ 3. Dergleichen Reichskriege, sodann nach Inhalt der Reichskonstitutionen, der Exekutionsordnung und *Instrumenti Pacis* geführet, auch die von Uns und dem Reich in gleicher Anzahl beider Religionen zu bestellende Generalität, samt den ebenfalls in gleicher Anzahl von beiden Religionen zu ernennenden Kriegsrathsdirektoren und Räthen sowohl, als das ganze Kriegsheer in Unsere und des Reichs Pflichten genommen werden solle, wie solches alles die auf solche Reichskriegsfälle ergangenen Reichsschlüsse erfordern und mit sich bringen.
[...]

nach dem kurmainzischen Originale

2 Der Sonderfrieden von Basel

5. April 1795

[...]

Art. V. Die Truppen der Französischen Republik werden weiterhin den linksrheinischen Teil der königlichen Staaten besetzt halten. Jegliche, diese Provinzen betreffende endgültige Bestimmung wird bis zum allgemeinen Frieden zwischen dem Deutschen Reich und Frankreich ausgesetzt.

Art. VI. Solange bis ein Handelsvertrag zwischen den beiden vertragschließenden Mächten abgeschlossen wird, werden alle Handelsverbindungen und -beziehungen zwischen den preußischen Staaten und Frankreich wieder auf den Stand vor dem gegenwärtigen Krieg gebracht.

Art. VII. Die Bestimmungen des Art. VI können nicht voll wirksam werden, solange die Handelsfreiheit in ganz Norddeutschland nicht wiederhergestellt ist. Die beiden vertragschließenden Mächte werden Maßnahmen treffen, das Kriegsgeschehen diesem fernzuhalten.

[...]

Art. XI. Die Französische Republik wird gerne die guten Dienste Sr. M. des Königs von Preußen zugunsten derjenigen Fürsten und Stände des Deutschen Reiches annehmen, die unmittelbar Verhandlungen mit ihr wünschen, wenn diese die Verwendung des Königs schon erbeten haben oder noch erbitten werden. Um Sr. M. dem König von Preußen einen ersten Beweis ihres Strebens nach Wiederherstellung der althergebrachten freundschaftlichen Beziehungen zwischen beiden Nationen zu geben, erklärt sich die französische Republik bereit, während eines Zeitraums von drei Monaten nach der Ratifizierung dieses Vertrags diejenigen rechtsrheinischen Fürsten und Stände des Reichs, für die der König sich verwendet, nicht als feindliches Gebiet zu behandeln.

Hofmann, S. 319 f.

Geheimer Zusatzartikel

[...]
Art. II. Wenn beim allgemeinen Friedensschluß zwischen dem Deutschen Reich und Frankreich das linke Rheinufer bei Frankreich bleibt, wird S. M. der König von Preußen sich mit der Republik Frankreich über die Art der Abtretung der auf dem linken Ufer des Flusses gelegenen preußischen Staaten im Austausch gegen eine solche territoriale Entschädigung verständigen, die noch vereinbart werden wird. In diesem Fall wird der König eine Garantieerklärung annehmen, daß die Republik ihm diese Entschädigung bieten wird.

Hoke/Reiter, S. 328, Nr. 1561.

Zusatzvertrag

17. Mai 1795

Art. I. Um die Kriegshandlungen von den Grenzen der Staaten Sr. M. des Königs von Preußen fernzuhalten, Norddeutschland Frieden und Ruhe zu sichern und die volle Freiheit des Handels zwischen diesem Teil des Reichs und Frankreich im Vorkriegsstand wiederherzustellen, willigt die Französische Republik darin ein, keine militärischen Operationen zu führen noch zu Land oder zur See Truppen in die Lande und Stände einrücken zu lassen, die innerhalb der folgenden Demarkationslinie liegen: Diese Linie bezieht Ostfriesland ein, folgt dem Lauf der Ems und Aa bis Münster, verläuft über Coesfeld, Borken, Bocholt bis zur Grenze des Herzogtums Cleve bei Isselburg; folgt dieser Grenze bis Pruest am Altrhein und geht weiter den Rhein bis Duisburg hinauf; von hier der Grenze der Grafschaft Mark folgend über Werden, Gemarke, entlang der Wupper nach Homburg, Altenkirchen, Limburg a. d. Lahn, dem Lauf dieses Flusses folgend bis Idstein, weiter über Eppstein und Höchst am Main; aus diesem über Raunheim dem Lauf des Landgrabens über Dornheim folgend weiter in den Bach, der diese Stelle quert, bis zur Grenze der Pfalz; von da den Grenzen Darmstadts und des Fränkischen Kreises, die diese Linie voll einschließt, entlang nach Eberbach am Neckar, den Fluß hinauf bis zur freien Reichsstadt Wimpfen, von da über Löwenstein, Murrhardt, Hohenstadt zur freien Reichsstadt Nördlingen und Holzkirchen an der Wörnitz, unter Einbezug der Grafschaft Pappenheim und des gesamten Fränkischen und Obersächsischen Kreises entlang der bayerischen, oberpfälzischen und böhmischen Grenze bis zur schlesischen.

Art. II. Die Französische Republik wird alle hinter dieser Linie gelegenen Lande und Stände für neutral achten, wenn diese ihrerseits strikte Neutralität wahren, zu der als Erstes gehört, daß sie ihre Kontingente abberufen und keinerlei neue Verbindlichkeiten eingehen, die sie in die Lage versetzten, die mit Frankreich Krieg führenden Mächte mit Truppen zu versorgen. Wer diese Bedingungen nicht einhält, wird von dem Vorzug der Neutralität ausgeschlossen.

Art. III. S. M. der König von Preußen macht sich verbindlich, diese Neutralität in allen seinen rechtsmainischen Staaten beobachten zu lassen, die in diese Demarkationslinie einbezogen sind.

Hofmann, S. 320–322.

3 Geheime Convention zwischen Preußen und Frankreich

5. August 1796

Beseelt von dem gleichen Verlangen, den unglücklichen Krieg, unter welchem Europa leidet, bald geendigt zu sehen, und in der schmeichelhaften Hoffnung, daß die Erfüllung dieses heilsamen Verlangens nicht mehr weit entfernt seyn könne, haben Seine Majestät der König von Preussen und die französische Republik für nöthig erachtet, zum voraus über mehrere auf diese, wie sie hoffen, nahe Pacification Bezug habende Gegenstände sich in ein freundschaftliches Einverständnis zu setzen.

Seine Preussische Majestät haben, jener Offenheit zufolge, welche sich höchstdieselbe in allen auf den Frieden von Basel erfolgten Erklärungen zwischen Ihnen und Frankreich zum Gesetze gemacht haben, den Wunsch, welchen höchstdenenselben Ihre Würde als deutscher Reichsstand, und die damit verbundene Pflichten eingaben, nicht verhehlt: daß die Reichsverfassung und das Reichsgebiet in ihrer ganzen Integrität erhalten werden mögten. Auf gleiche Weise haben höchstdieselben mit Vertrauen der französischen Regierung das aus höchstdero engen Verbindung mit dem Hause Oranien entsprungene Verlangen eröffnet: daß dieses Haus wieder in seine in Holland besessenen Stellen und Würden eingesetzt werden möchte, jedoch mit billigen Modifikationen, worüber man sich einverstehen könnte. — Seine Majestät haben auch alle Beweggründe und freundschaftliche Aufforderungen, welche sie zur Unterstützung ihrer dahin Bezug habenden Vorschläge am dienlichsten erachteten, angewendet; da aber die franz. Republik in der Meynung beharrte: daß auf dem Puncte, wohin die Sachen bereits gediehen seyen, die Umstände ihr nicht erlauben, an diesem zweyfachen Wunsche Theil zu nehmen, oder die Erfüllung desselben zu begünstigen, so haben beyde Theile eine weitere gemeinschaftliche Abrede zwischen Ihnen vermittelst des Herrn Christian Heinrich Curt Grafen v. Haugwitz, Seiner Preußischen Majestät Staats- Kriegs- und Cabinets-Ministers, und des Hrn. Anton Bernhard Caillards, bevollmächtigten Ministers der franz. Republik getroffen, welche nach Auswechslung ihrer gegenseitigen Vollmachten über nachfolgende eventuelle Stipulationen sich vereinigt haben, in der Voraussetzung: daß die Grundlagen, auf welchen sie beruhen, bey der Pacifikation mit dem deutschen Reiche angenommen werden.

Art. I. Die Absicht der beyden contrahirenden Theile war zuerst über eine Territorial-Entschädigung für den Verlust der am linken Rheinufer liegenden preussischen Provinzen auf den Fall hin sich einzuverstehen, wenn bey dem Frieden mit dem Reiche das besagte Ufer an Frankreich abgetreten werden würde; zu diesem Zwecke hat man die Augen auf das Bisthum Münster mit Einschluß des Landes Recklingshausen, gerichtet. Nachdem aber die franz. Regierung den Wunsch geäußert hat, daß die Republik der vereinigten Niederlande, als eine Art von Entschädigung für die an Frankreich abgetretenen Länder, jenen Theil des besagten Bisthums erhalten möchte, „welcher von dem Orte, wo die Ems in Ostfriesland eintritt, und diesem Flusse nach aufwärts bis nach Wintrup, von da an in gerader Linie über Heyden und längs der Gränze des Herzogthums Cleve bis an den Ort sich erstreckt, wo dieselbe mit der Gränze von Holland zusammentrifft;" so erklären Seine Preußische Majestät, um der franz. Republik einen Beweis ihrer freundschaftlichen Gesinnungen zu geben, daß sich Höchstdieselben, wenn von der Abtretung des linken Rheinufers an Frankreich die Rede seyn wird, nicht dagegen setzen werden, und da alsdann zur Entschädigung der weltlichen Fürsten, welche bey dieser Verfügung verlieren werden, das Princip der Secularisationen unumgänglich nothwendig wird, so willigen Seine Majestät in die Annahme des gedachten Princips, und Höchstdieselben werden zur Entschädigung für Ihre am linken Rheinufer liegenden Provinzen mit Einschluß des Gebiets von Sevenaer, welche in diesem Falle an Frankreich abgetreten werden sollen, den Rest des Bisthums Münster mit dem Lande Recklingshausen, jedoch mit Ausschluß des obenangeführten Theils und nach vorhergegangener Secularisation, erhalten. Jedoch behalten sich Seine Majestät vor, noch dasjenige hinzuzufügen, was höchstdenenselben, um Ihre Entschädigung vollständig zu machen, am schicklichsten scheinen möchte. — Ein Gegenstand, über welchen sich beyde Mächte freundschaftlich einverstehen werden.

Art. II. Der 2te Artikel des Basler Vertrags vom 5. April 1795 (II. Floreal im 3. Jahr) bleibt in seiner vollen Kraft; dem zufolge nimmt die französische Republik die Vermittlung des Königs von Preussen zu Gunsten anderer Reichsfürsten an, welche wünschen mögten, unmittelbar mit derselben über die im vorhergehenden Artikel angeführte Grundlage in Unterhandlung zu treten.

Art. III. In der zweyfachen Voraussetzung, welche in dem Artikel von der Abtretung des linken Rheinufers an Frankreich und von der Annahme des Princips der Secularisationen ausgedrückt sind, verbinden sich Seine Preußische Majestät und die franz. Republik, mit vereinigten Kräften sich zu bemühen, um den Fürsten des Hauses Hessen die Secularisation jener geistlichen Staaten, welche ihnen zur Entschädigung für die an dem linken Rheinufer zu verlierenden Länder und Güter am bequemsten gelegen seyn möchten, und der Hessenkasselschen Linie noch besonders die churfürstl. Würde zu verschaffen.

Art. IV. Seine Majestät der König von Preussen verbindet sich, die Städte Hamburg, Bremen und Lübeck bey ihrer Integrität und gegenwärtigen Unabhängigkeit zu erhalten.

Art. V. Wenn bey der künftigen Pacification die Wiedereinsetzung des Hauses Oranien in seine Stellen und Würden in Holland als unzulässig erklärt wird, so verbinden sich Seine Preußische Majestät und die franz. Republik für diesen Fall hin, Ihre Verwendung und mächtige Vermittlung eintreten zu lassen, um ein anständiges Uebereinkommniß zwischen der batavischen Republik und dem Fürsten von Nassau-Oranien zu bewirken, dessen Hauptbedingungen von der einen Seite die Verzichtleistung auf alle und jede Ansprüche an die Statthalter-Würde, so wie auf alle am linken Rheinufer und in den belgischen Provinzen liegenden unbeweglichen Güter des besagten Fürsten seyn werden, wo hingegen auf der andern Seite die batavische Republik dem Fürsten von Nassau-Oranien eine dem Werth aller in dem Umfang der vereinigten Provinzen, der Generalitätslande und der holländischen Colonien gleichkommende Entschädigung bezahlen soll, wenn besagte batavische Republik nicht lieber dem Fürsten Nassau-Oranien die erwähnten unbeweglichen Güter überlassen will, um darüber selbst in einem wechselseitig zu verabredenden, oder durch einen von beyden Partheyen erwählten Schiedsrichter zu bestimmenden Zeitraum zu verfügen. Um besagtes Uebereinkommniß zu Stande zu bringen, verbindet sich die franz. Republik, noch ferner alle ihre Kräfte anzuwenden, um zu Gunsten des besagten Fürsten von Nassau-Oranien und seiner männlichen Erben, die Sekularisation der Bisthümer Würzburg und Bamberg, mit welchen die churfürstliche Würde verbunden werden soll, und es dahin zu bringen, daß der Rückfall besagter Bisthümer auf das brandenburgische Haus auf den Fall, daß der Mannsstamm des erwähnten Nassau-Oranischen Hauses aussterben sollte, festgesetzt werde.

Art. VI. Gegenwärtige geheime Konvention soll von den kontrahirenden Theilen ratificirt werden, und die Ratification innerhalb 6 Wochen, oder, wenn es geschehen kann, noch früher, zu Berlin ausgewechselt werden.

Häberlin, S. 253–257.

4 Geheime Artikel zu dem Frieden zwischen Württemberg und der Französischen Republik

7. August 1796

Als Anhang zu dem am heutigen Tage abgeschlossenen und unterzeichneten Friedensvertrage, haben die unterzeichneten Bevollmächtigten nachfolgende Artikel abgeschlossen, welche so lange geheim bleiben sollen, als es das Interesse der kontrahirenden Theile erfordern dürfte.

Art. I. Die französische Republik wird bey dem Frieden mit dem Reiche den Antrag machen und darauf bestehen: daß zu Gunsten des Herzogs von Wirtemberg einige geistliche Fürstenthümer secularisirt und demselben abgetreten werden, und sie willigt ein, daß nach dem Begehren Sr. Herzogl. Durchl. das zu dem ehemaligen Bisthum Strasburg gehörige Oberamt Oberkirchen, die Abtey Zwiefalten und die gefürstete Probstey Ellwangen hiezu bestimmt werden.

Art. II. Der Herzog von Wirtemberg verpflichtet sich insbesondere, Alles, was er persönlich unter irgend einem Titel an Einwohner der von ihm abgetretenen Länder schuldig seyn möchte, zu bezahlen, und innerhalb 5 Jahren alle in seine Privatkasse geflossene Kapitalien, für welche er entweder öffentlichen darin gelegenen Anstalten oder Privatpersonen Einkünfte verschrieben hat, abzulösen. Desgleichen verpflichtet sich der Herzog, denjenigen, die in den von ihm an die französische Republik abgetretenen Ländern, Aemter und Stellen besaßen, aus den Einkünften des Oberkirchischen und Ellwangischen Gebietes eine Entschädigung zu bewilligen, deren Betrag einem lebenslänglichen Interesse von acht Procenten jener Summen gleichkommen solle, welche sie an die Kasse des Fürsten bezahlt hatten.

Art. III. Wenn der, zwischen der französischen Republik und Kaiser und Reich abzuschließende Friedensvertrag vor den Reichstag kommen wird, so verpflichtet sich der Herzog, als deutscher Reichsstand, durch seine Stimme mitzuwirken:

1) Daß alle am linken Ufer des Rheins gelegene Reichsländer, die Inseln und der Lauf dieses Stroms selbst an die französische Republik abgetreten werden;

2) daß der Lehnsverband, in welchem verschiedene Staaten Italiens mit dem Reiche stehen, aufgehoben werde;

3) daß zur Entschädigung der weltlichen Fürsten, welche ihre Besitzungen am linken Rheinufer verlieren dürften, eine hinreichende Anzahl von geistlichen, am rechten Rheinufer liegenden Fürstenthümern, secularisirt werden.

Art. IV. Da der Herzog von Wirtemberg wünscht, auf immer mit der französischen Republik in Harmonie und gutem Einverständnisse zu leben, so verpflichtet er sich, in den künftigen Kriegen, welche zwischen derselben und irgend einer andern Macht entstehen sollten, die genaueste Neutralität zu beobachten, und gegen dieselbe unter keinerley Namen oder Vorwand ein Kontingent oder andere Hülfe zu liefern.

Art. V. In allen künftigen Kriegen, worin die französische Republik gerathen könnte, dürfen die Truppen derselben durch die Lande des Herzogs marschiren, darinnen sich aufhalten, und alle zu ihren Operazionen nöthige militärische Posten besetzen. Sie werden daselbst die genaueste Mannszucht beobachten, und sich in allem wie in einem neutralen, freundschaftlichen Lande betragen.

Art. VI. Alle Personen, welche um politischer Meinungen willen in den Ländern Sr. Herzogl. Durchlaucht gefangen gesetzt oder verfolgt worden seyn mögten, sollen unverzüglich freygelassen, alle gerichtliche Prozuduren gegen sie eingestellt, und die in Beschlag genommenen oder confiscirten Güter derselben, ihnen wieder zurückgestellt, oder dem Werthe nach ersetzt werden, im Fall sie verkauft worden wären. Auch soll es ihnen freystehen, damit zu schalten und zu walten, in die Länder Seiner Herzogl. Durchlaucht zurückzukehren, daselbst zu bleiben, oder daraus hinwegzuziehen.

Art. VII. Man ist ausdrücklich übereingekommen, daß alle Civil-Streitigkeiten, welche in den Ländern des Herzogs von Wirtemberg zwischen französ. Bürgern entstehen könnten, von dem diplomatischen Agenten der französischen Republik entschieden werden sollen.

Art. VIII. Seine Durchlaucht der Herzog von Wirtemberg wird von keinem der Fürstenthümer und von keiner der Herrschaften, die er, Kraft des heutigen Vertrages, an die französische Republik abtritt, in der Folge den Titel führen.

Art. IX. Der am letztverflossenen 29. Messidor geschlossene Waffenstillstand soll in allen Dingen, welche dem Inhalte des gegenwärtigen Vertrages nicht entgegen sind, gänzlich vollzogen werden.

Art. X. Die darin stipulirten Kontributionen sollen vollständig entrichtet werden, es wäre denn, daß man darin mit wechselseitiger Einstimmung Abänderungen träfe. Außer diesem soll alle Monate, vom ersten des künftigen Vendemiaire an, bis zur Unterzeichnung der Friedenspräliminarien mit Oestreich, eine Kontribution von zweymalhunderttausend Livres entrichtet werden.

Art. XI. In den gegenwärtigen Friedensvertrag sind auch die Reichsstädte Eßlingen und Reutlingen eingeschlossen.

Häberlin, S. 336–339.

5 Öffentlicher Friedensvertrag zwischen Baden und der Französischen Republik

22. August 1796

Art. I. Es wird Frieden, Freundschaft und gute Beziehungen zwischen der Französischen Republik und Seiner Majestät dem Markgrafen von Baden geben. Folglich enden, ab der Ratifikation dieses Vertrages, alle Feindlichkeiten zwischen den Vertragsmächten.

Art. II. Der Markgraf von Baden widerruft jede Zugehörigkeit, Zustimmung und Beitritt, durch ihn offen oder geheim der bewaffneten Koalition gegen die Französische Republik gegeben, zu einer Angriffs- oder Verteidigungsallianz, die er gegen diese vereinbart haben könnte. Er wird in der Zukunft keine der Republik feindliche Macht mit einem Soll oder Unterstützung mit Männern, Pferden, Proviant, Geld, Kriegsmunition oder anderweitig, auf welcher Grundlage auch immer, unterstützen, auch wenn er dazu als Mitglied des Deutschen Reichs verpflichtet sein sollte.

Art. III. Die Truppen der Republik können sich in den Ländern Seiner Majestät frei bewegen, hier verweilen und alle militärischen Posten besetzen, die für ihre Operationen nötig sind.

Art. IV. Seine Majestät der Markgraf von Baden tritt, für sich, seine Nachfolger und Berechtigten, an die Französische Republik alle Rechte ab, die ihm an den Herrschaften Rodemachern und Hesperingen im Herzogtum Luxemburg zustehen könnten; den ihm zugehörigen Teil der Grafschaft Sponheim, und seine Rechte auf den anderen Teil; die Herrschaft Grevenstein; das Lehen von Beinheim und Roth sowie generell alle Territorien, Rechte und Einkommen, die er auf der linken Rheinseite besaß. Er verzichtet auf alle Rückgriffe gegen die Republik für die Abtretung der benannten Rechte und Einkommen und aus jedem anderen Grund, der dem vorliegenden Vertrag vorausging.

[…]

Erdmannsdörffer, S. 476–477

Geheime Artikel zu dem am 20. August 1796 geschlossenen Friedensvertrag

Als Anhang zu dem am heutigen Tage abgeschlossenen und unterzeichneten Friedensvertrage, haben die unterzeichneten Bevollmächtigten nachfolgende Artikel verabredet, welche so lange geheim bleiben sollen, als es das Interesse der kontrahirenden Theile erfordern dürfte.

Art. I. Bey dem Frieden mit dem Kaiser und Reich, wird die französische Republik sich verwenden, daß Sr. Hochfürstl. Durchlaucht, dem Marggrafen von Baden, nachfolgende geistliche Besitzungen mit den dazu gehörigen Rechten abgetreten, und zu Gunsten desselben secularisirt werden:

1) Das Bisthum Konstanz, die Abtey Reichenau, die Probstey Oehningen in Verbindung mit den Gütern und Einkünften des Domkapitels und der Domprobstey, jedoch mit Ausnahme der Herrschaften und Gerichtsbarkeiten, welche der Bischof und das Domkapitel in dem Gebiete der schweizerischen Eidgenossenschaft und ihrer Bundesgenossen besitzen und welche der Disposition der französischen Republik vorbehalten bleiben.

2) Die zu dem ehemaligen Bisthum Basel gehörige Landvogtey Schliengen.

3) Der am rechten Rheinufer liegende Theil des Bisthums Speyer, mit Einschluß der domkapitelschen Güter, der Probstey und der Einkünfte des Kapitels von Odenheim. In diesem Falle verpflichtet sich Seine Hochfürstl. Durchlaucht: die Vestungswerke von Philippsburg zu schleifen und der Erde gleich zu machen, ohne jemals die Wiederherstellung derselben zuzugeben, wenn Höchstdieselben nicht lieber einwilligen wollten, daß dieser Platz in militärischer Rücksicht von Truppen der französischen Republik besetzt werde, welche allein befugt seyn sollen, zum Dienste des Platzes die Rheinbrücke wieder herzustellen.

4) Das zu dem ehemaligen Bisthum Strasburg gehörige Oberamt Ettenheim.

5) Die Stadt Seligenstadt, nebst den kleinen, zu dem Erzbisthum Maynz gehörigen Landes-Antheilen, welche zwischen dem linken Ufer der kleinen Flüsse … und des Mayns, bis nach Ruf-

fenstein und dem rechten Ufer des Rheins von Elberfelden bis Gernsheim liegen, um gegen jenen Theil der Grafschaft Hanau-Lichtenberg, welcher am rechten Rheinufer entlang liegt, und gegen die Herrschaften Lahr und Geroldseck vertauscht zu werden.

6) Die Secularisation aller Güter, Einkünfte und Rechte, welche geistliche Communitäten, deren Hauptort auf dem rechten Rheinufer liegt, in der Marggrafschaft, oder in den mit derselben zu vereinigenden geistlichen Staaten besitzen und Einverleibung dieser Güter etc. in die Domänen des Marggrafen.

7) Hingegen verpflichtet sich Seine Hochfürstl. Durchlaucht: alle in Höchstdero gegenwärtigen und künftigen Ländern liegende Güter, Einkünfte und Rechte, welche Corporationen und Communitäten angehören, deren Hauptort am linken Rheinufer liegt, der französischen Republik anzuzeigen und zu übergeben, um darüber, wie sie es gut findet, disponiren zu können, jedoch mit gänzlicher Ausnahme der Güter und Rechte, welche die Bisthümer und Domkapitel von Basel, Strasburg und Speyer im Umfange der Marggrafschaft besaßen.

Art. II. Die französische Republik wird sich ebenfalls verwenden, damit der Marggraf von Baden erhalte: 1) das unbeschränkte Privilegium de non appellando. 2) Die Aufhebung der Taxischen Post in seinen Staaten. 3) Befreyung von allen Lehnspflichten und Schuldigkeiten gegen die Bischöfe von Basel und Speyer, und vollkommene Landesherrlichkeit (toute autorité active). 4) Die mit dem Bisthum Konstanz verbundenen Rechte im Betreff des Kreisausschreibamts und der Direction der Kreisgeschäfte.

Art. III. Die Artikel des gegenwärtigen Friedensvertrages in Betreff des Rheins, der Schifffahrt auf demselben, der Ufer und der von dem Strom eingeschlossenen Inseln, erstrecken sich auch auf die am Ufer dieses Strom liegenden Distrikte, welche in der Folge an Seine Hochfürstl. Durchlaucht, Ihre Nachfolger und Erben kommen könnten.

Art. IV. Seine Hochfürstl. Durchl. der Marggraf tritt an die französische Republik alle Rechte ab, welche Ihm an der Stadt, der Vestung und dem Gebiete von Kehl zustehen mögen. Er tritt derselben gleichfalls auf dem rechten Rheinufer an der alten Hüninger-Brücke einen Strich Landes von 50 Jaucharten, die Jauchart zu 100 Ruthen, und die Ruthe zu 22 Schuh etc. ab. Dieser Strich Landes soll in der schicklichstscheinenden Gegend gewählt, und nach dem Risse eines von dem Directorium zu ernennenden Commissärs in Gegenwart eines fürstl. Commissärs eingemarkt, auch außer diesem, falls man es nöthig fände, noch ein Weg, um zu dem erwähnten Strich Landes zu kommen, eingeräumt werden.

Art. V. Seine Durchlaucht der Marggraf thut für sich, seine Nachfolger und Erben Verzicht auf alle, selbst eventuelle Rechte, die er an die auf dem linken Rheinufer liegenden Territorien, an die Inseln und den Lauf dieses Stroms, welche an die französische Republik abgetreten werden könnten, vermittelst Erb- oder Rückfalls-Verträgen haben oder erhalten mögte.

Art. VI. Der Marggraf verbindet sich, die französische Republik, so weit es nothwendig seyn sollte, gegen alle Anforderungen und Ansprüche sicher zu stellen, welche von den Gläubigern Seiner Durchlaucht an die der französischen Republik abgetretenen Länder, Rechte und Einkünfte gemacht werden könnten. Seine Hochfürstl. Durchlaucht, der Marggraf, verpflichtet sich zu dergleichen rechtsgültigen Garantie über die nämlichen Gegenstände in Rücksicht der Ansprüche jener deutschen Fürsten, mit welchen er in Erb- oder Rückfalls-Verträgen stehen mögte.

Art. VII. Der Marggraf verpflichtet sich ausdrücklich, alles dasjenige, was er persönlich, sey es unter welchem Titel es wolle, an Einwohner der von ihm abgetretenen Länder schuldig seyn mögte, zu bezahlen, und in einem Zeitraume von 5 Jahren die dort gemachten Anleihen, für welche Er entweder an öffentliche darin gelegene Anstalten, oder an Privatpersonen Einkünfte verschrieben hat, abzulösen.

Art. VIII. Wenn der, zwischen der französischen Republik und Kaiser und Reich abzuschließende Friedensvertrag vor den Reichstag kommen wird, so verpflichtet sich Seine Durchlaucht der Marggraf, als deutscher Reichsstand durch seine Stimme mitzuwirken:

1) Daß alle am linken Ufer des Rheins gelegene Reichsländer, die Inseln und der Lauf dieses Stroms selbst an die französische Republik abgetreten werde;

2) daß der Lehnsverband, in welchem verschiedene Staaten Italiens mit dem Reiche stehen, aufgehoben werde;

3) daß zur Entschädigung der weltlichen Fürsten, welche ihre Besitzungen am linken Rheinufer verlieren dürften, eine hinreichende Anzahl von geistlichen, am rechten Rheinufer liegenden Fürstenthümern secularisirt werden.

Art. IX. Da der Marggraf von Baden wünscht, auf immer mit der französischen Republik in Harmonie und gutem Einverständnisse zu leben, so verpflichtet er sich, in den künftigen Kriegen, welche zwischen derselben und irgend einer andern Macht entstehen sollten, die genaueste Neutralität zu beobachten, und gegen dieselbe unter keinerley Namen oder Vorwand ein Kontingent oder andere Hülfe zu liefern.

Art. X. In allen künftigen Kriegen, worein die französische Republik mit Deutschland gerathen könnte, dürfen die Truppen derselben durch die Lande des Marggrafen marschiren, darin sich aufhalten, und alle zu ihren Operationen nöthige militärische Posten besetzen. Sie werden daselbst die genaueste Mannszucht beobachten, und sich in allem wie in einem neutralen, freundschaftlichen Lande betragen.

Art. XI. Alle Personen, welche um politischer Meinungen willen in den Ländern Sr. Herzogl. Durchlaucht gefangen gesetzt oder verfolgt worden seyn mögten, sollen unverzüglich freygelassen, alle gerichtliche Proceduren gegen sie eingestellt und die in Beschlag genommenen oder confiscirten Güter derselben ihnen wieder zurückgestellt oder dem Werthe nach ersetzt werden, im Fall sie verkauft worden wären. Auch soll es ihnen freystehen, darüber zu disponiren, in die Länder Seiner Hochfürstl. Durchlaucht zurückzukehren, daselbst zu bleiben, oder daraus wegzuziehen.

Art. XII. Alle gegen Marggräfl. Landes-Einwohner gefällte richterliche Urtheile, in Betreff des Verkaufs von Pferden, Ochsen und andern Effecten an die französische Armeen, sollen als nicht geschehen betrachtet, und die, kraft dieser Urtheile, in die

Kassen Seiner Hochfürstl. Durchlaucht bezahlten Strafgelder zurück erstattet werden.

Art. XIII. Man ist ausdrücklich übereingekommen, daß alle Civil-Streitigkeiten, welche in den Ländern des Marggrafen von Baden zwischen franz. Bürgern entstehen könnten, von dem diplomatischen Agenten der franz. Republik entschieden werden sollen.

Art. XIV. Seine Hochfürstl. Durchl. wird in der Zukunft von keinem der an die franz. Republik abgetretenen Fürstenthümer etc. den Titel führen.

Art. XV. Die Bedingungen des am letztverflossenen 17. Thermidor geschlossenen Waffenstillstands-Vertrags sollen in allen Puncten, welche dem Inhalte des gegenwärtigen Vertrags nicht entgegen sind, vollzogen werden.

Art. XVI. Die darin stipulirten Contributionen sollen gänzlich entrichtet werden, mit Ausnahme der allenfalls mit wechselseitiger Einstimmung gemachten Abänderungen und gegen Abrechnung der richtig anerkannten Lieferungen, welche seit der Unterzeichnung jenes Waffenstillestandes auf Rechnung Seiner Hochfürstl. Durchlaucht an die franz. Armeen gemacht wurden. Außer diesem soll noch jeden Monat, vom 1. künftigen Vendemiaire angefangen bis zur Unterzeichnung der Friedens-Präliminarien mit Oestreich eine Kontribution von 20,000 Livr. bezahlt werden.

Art. XVII. Der Marggraf verpflichtet sich, als weitere Entschädigung an die franz. Republik innerhalb drey Jahren, und zwar Jahr zu Jahr in gleichen Theilen, achttausend, von Agenten der franz. Republik ausgesuchte und bezeichnete, zum Schiffsbau taugliche Baumstämme zu liefern, welche auf Kosten Sr. Hochfürstl. Durchl. bis an das Ufer des Rheines, oder der darin fließenden schiffbaren Kanäle und Flüsse, die für die zum beschlagen bestimmten Schiffwerften am bequemsten sind, abgeführt werden sollen. Alle Civil- und Militär-Beamten haben die nöthige Weisung erhalten, den besagten Agenten der franz. Republik alle Hülfe und Beystand zu leisten und ihnen in allem an die Hand zu gehen, was zur Beförderung des ihnen aufgetragenen Geschäftes beytragen könnte.

Art. XVIII. Seine Hochfürstl. Durchl. der Marggraf verpflichtet sich, den Einwohnern der verschiedenen Theile seiner Staaten und der Gebiete, welche ihm bey dem allgemeinen Frieden abgetreten werden könnten, alle Rechte und Privilegien, welche sie besitzen oder besessen haben, namentlich auch jene, welche die innere Landesverwaltung betreffen, zu erhalten oder wieder zurückzugeben. Eben so verpflichtet Er sich, in den geistlichen Staaten, die zu seinen Gunsten secularisirt werden könnten, die dort noch existirende Leibeigenschaft und das Recht der todten Hand aufzuheben, und die Rechte und Abgaben, der Billigkeit und Gelindigkeit gemäß zu bestimmen.

Häberlin, S. 339–345.

6 Der Sonderfrieden von Campo Formio

17. Oktober 1797

[...]

Art. III. Se. Majestät der Kaiser, König von Ungarn und Böhmen entsagen zu Gunsten der französischen Republik für Sich und Ihre Nachfolger, allen Rechten und Titeln auf die ehemaligen belgischen Provinzen, welche unter dem Namen der österreichischen Niederlande bekannt sind. Die französische Republik wird diese Lande auf ewig besitzen, mit der vollen Landes-Hoheit und dem Eigenthums-Rechte, und mit allen liegenden Gütern, welche davon abhangen.

[...]

Art. VI. Die französische Republik willigt ein, daß Se. M. der Kaiser und König, mit voller Oberherrschaft und als Eigenthum die folgenden Länder besitzen. Nehmlich: Istrien, Dalmatien, die ehemaligen Venetianischen Inseln im Adriatischen Meere, die Mündungen des Cattaro, die Stadt Venedig, [...]

[...]

Art. VIII. Se. Maj. der Kaiser, König von Ungarn und Böhmen, erkennt die Cisalpinische Republik als eine unabhängige Macht. [...]

[...]

Art. XII. Alle gemachten Verkaufe und Veräußerungen, alle contrahirten Verbindungen, es sey durch die Städte oder die Regierungen, oder die Civilobrigkeiten und Verwaltungen der ehemaligen Venezianischen Lande zum Unterhalt der Teutschen und Französischen Armeen bis zum Tage der Unterzeichnung des gegenwärtigen Tractats werden bestätiget, und als gültig anerkannt.

Art. XIII. Alle Domanialurkunden und Archive der verschiedenen durch gegenwärtigen Tractat abgetretenen oder vertauschten Länder werden in einem Zeitraum von drei Monaten, von dem Tag der Auswechslung der Ratificationen, den Mächten ausgehändiget, welche das Eigenthum erlangt haben. Die Plane und Karten der Vestungen, Städte und Länder, welche die contrahirenden Mächte durch gegenwärtigen Tractat erworben haben, werden ihnen getreulich wieder eingehändigt. Die militairischen Papiere und Register, welche in dem gegenwärtigen Kriege den Generalstäben der beiderseitigen Armeen genommen worden, werden ebenfalls zurückgegeben.

Art. XV. Es wird sogleich ein Handlungs-Tractat geschlossen, der auf die billigsten Grundlagen, und solche gebaut ist, welche Sr. M. dem Kaiser, Kön. von Ungarn und Böhmen, und der französischen Republik gleiche Vortheile mit denenjenigen, welche die am meisten begünstigten Nationen in ihren wechselseitigen Staaten genießen, zusichern. Mittlerweile werden alle Handlungs-Verkehre in den Stand wieder hergestellt, wie sie vor dem Kriege waren.

Art. XVI. Kein Einwohner in allen von den österreichischen und französischen Armeen besetzten Landen kann, es sey in seiner Person oder in seinem Eigenthum, wegen seiner politischen Meinungen, bürgerlichen, militairischen oder kaufmännischen Handlungen während des Kriegs, der zwischen beiden Mächten statt hatte, verfolgt oder zur Rechenschaft gezogen werden.

Art. XVII. S. M. der Kaiser, König von Ungarn und Böhmen, können, vermöge der Grundsätze der Neutralität, in keinem Ihrer Häfen, so lange der gegenwärtige Krieg dauert, mehr als 6 bewaffnete Kriegs-Schiffe aufnehmen, welche einer der kriegführenden Mächte zugehören.

Art. XVIII. S. M. der Kaiser, König von Ungarn und Böhmen, machen sich verbindlich, dem Herzog von Modena zur Entschädigung der Länder, welche dieser Fürst und seine Erben in Italien hatten, das Breisgau abzutreten, welches er unter den nehmlichen Bedingungen besitzen wird, als diejenigen waren, kraft welcher er das Modenesische besaß.

[...]

Art. XX. Es wird in Rastatt ein einzig aus Bevollmächtigten des Deutschen Reiches und der französischen Republik gebildeter Kongreß zur Befriedung dieser Mächte abgehalten werden.

[...]

Art. XXIII. Se. Maj. der Kaiser, König von Ungarn und Böhmen und die französische Republik werden unter sich das nehmliche Ceremoniel, was sowohl den Rang und andere Etiquette betrifft, als was beständig vor dem Kriege beobachtet worden, beibehalten. Ersagte Se. Maj. und die Cisalpinische Republik werden unter sich die nehmliche Ceremonial-Etiquette haben, wie jene, die zwischen Sr. Majestät und der Republik Venedig im Gebrauche war.

Geheime Zusatzartikel

Art. I. S. M. der Kaiser, König von Ungarn und Böhmen, stimmt zu, daß sich die Grenzen der französischen Republik bis zu der weiter unten genannten Linie erstrecken, und wird seine guten Dienste beim Friedensschluß mit dem Deutschen Reich dafür einsetzen, daß die französische Republik eben diese Grenzlinie erhalte.

[...]

Art. V. Die französische Republik wird ihre guten Dienste dafür einsetzen, daß seine Majestät der Kaiser in Deutschland das Erzbistum Salzburg erhalte.

[...]

Art. XII. S. M. der Kaiser, König von Ungarn und Böhmen, und die französische Republik werden ihre guten Dienste bei der Befriedung des Deutschen Reiches vereinen, um die einzelnen Reichsfürsten und Reichsstände, welche Verluste von Gebieten und von Rechten gemäß den Bedingungen des vorliegenden Friedensvertrages oder schließlich infolge des mit dem Deutschen Reich noch abzuschließenden Vertrags hinnehmen müssen, insbesondere die Kurfürsten von Mainz, von Trier, von Köln, der Kurfürst von Pfalz-Bayern, angemessene Entschädigungen in Deutschland erhalten, welche in Übereinstimmung mit der französischen Republik geregelt werden.

Hoff, S. 231–241 (Art. III–Art. XXIII); Hoke/Reiter, S. 329, Nr. 1565–1567 (Art. XX, Geheime Zusatzartikel)

7 Der Frieden von Lunéville

9. Februar 1801

Se. Majestät der Kaiser, König von Ungarn und Böhmen, und der erste Consul der Republik Frankreich, im Namen des Französischen Volkes, denen es beiden am Herzen liegt, den Uebeln des Kriegs ein Ende zu machen, haben sich entschlossen, zu der Abschließung eines Definitiv-Friedens- und Freundschafts-Tractats zu schreiten. Da Se. besagte Kaiserl. und Königl. Maj. nicht weniger lebhaft wünscht, das teutsche Reich der Wohlthaten des Friedens theilhaftig zu machen, und da die jetzigen Umstände nicht die nöthige Zeit lassen, damit man das Reich um Rath fragen, und es durch seine Deputirte an den Negotiationen Theil nehmen könne, so hat Se. besagte Maj. besonders in Rücksicht dessen, was von der Reichs-Deputation beim vorhergehenden Congreß zu Rastadt bewilligt worden ist, sich entschlossen, nach dem Beispiele dessen, was schon in ähnlichen Fällen statt gehabt hat, im Namen des teutschen Reichs zu stipulieren.

In Folge dessen haben die contrahirenden Theile zu ihren Bevollmächtigten ernannt, nehmlich:

Se. Kaiserl. und Kön. Maj. den Herrn Ludwig des heil. Röm. Reichs Grafen von Cobenzl, Ritter des goldenen Vließes, Großkreuz des Kön. St. Stephans-Ordens, und des Ordens des heil. Johann von Jerusalem, Kämmerer und wirklichen geheimen Rath Sr. obgedachten Kais. Königl. Majestät, Ihren Conferenz-Minister und Hof- und Staats-Kanzler,

Und der erste Consul der Französischen Republik im Namen des Französischen Volkes, den Bürger Joseph Bonaparte, Staatsrath,

Welche, nach Auswechslung ihrer Vollmachten, folgende Artickel festgesetzt haben.

Art. I. Es soll in Zukunft, und auf immer, zwischen Sr. Maj. dem Kaiser, König von Ungarn und Böhmen, welche in ihrem Namen sowohl, als im Namen des teutschen Reichs stipuliren, und der Französischen Republik, Friede, Freundschaft, und gutes Einverständniß herrschen, und Se. obgedachte Majest. verbinden Sich, dem gegenwärtigen Tractate die Ratification des eben erwähnten teutschen Reichs, in guter und gehöriger Form zu erwirken.

Beide Theile werden sich mit der größten Sorgfalt bemühen, eine vollkommene Eintracht zu unterhalten, und den Feindseligkeiten aller Arten, zu Lande und zu Wasser, aus was immer für einer Ursache, und unter was immer für einem Vorwand, zuvorzukommen, und sie werden bedacht seyn, die glücklich hergestellte Einigkeit nicht wieder zu stören. Man wird, weder mittel- noch unmittelbar, denjenigen einige Hülfe oder Schutz leisten, die dem einen oder dem andern contrahirenden Theile Nachtheil zu bringen suchen könnten.

Art. II. Die Abtretung der vormaligen Belgischen Provinzen an die Französische Republik, so wie solche durch den 3ten Artickel des Tractats von Campo Formio stipulirt worden ist, wird hiermit auf die förmlichste Art erneuert, dergestalt, daß Se. Kaiserl. und Kön. Maj. für Sich und Ihre Thronfolger in Ihrem eignen Namen sowohl als in jenem des teutschen Reichs, auf alle Ihre Rechte und Ansprüche auf obbesagte Provinzen Verzicht thun, und daß die Französische Republik diese Provinzen, sammt allen davon abhangenden Territorial-Gütern, auf immer, mit voller Landeshoheit, und vollem Eigenthums-Rechte, besitzen werde.

Nicht minder werden von Sr. Kaiserl. und Kön. Maj. und mit förmlicher Einwilligung des Reichs, an die Französische Republik hiermit abgetreten:

1) Die Grafschaft Falkenstein, mit dem, was davon abhanget.

2) Das Frickthal, und alles, was an dem linken Ufer des Rheins, zwischen Zurzach und Basel, dem Hause Oesterreich zugehört, und die Französische Republik behält sich vor, dieses letztere der Helvetischen Republik abzutreten.

Art. III. Auf eben diese Art und als Erneuerung und Bestätigung des 6ten Artickels des Tractats von Campo Formio, werden Se. Maj. der Kaiser und König mit vollkommener Landeshoheit und völligem Eigenthums-Rechte, die hier unten beschriebenen Länder besitzen, nehmlich: Istrien, Dalmatien, und die davon abhängenden vormaligen Venetianischen Inseln im Adriatischen Meere; die Mündungen des Cattaro; die Stadt Venedig; die Lagunen und Länder, welche zwischen den Erbstaaten Sr. K. K. Maj. dem Adriatischen Meere, und der Etsch, das ist: von dem Puncte, wo diese die Gränzen Tyrols verläßt, bis zu ihrem Ausflusse in das ebenerwähnte Meer, gelegen sind, wobei der Thalweg der Etsch als die Gränz-Linie anzusehen ist; und da, durch diese Linie, die Städte Verona, und Porte Legnago getheilt werden, so wird man in der Mitte der Brücken dieser Städte, Zugbrücken errichten, welche die Absonderung bestimmen werden.

Art. IV. Der 18te Artickel des Tractats von Campo Formio wird ebenfalls dahin erneuert, daß Se. Maj. der Kaiser und König sich verbinden, dem Herzoge von Modena, zu seiner Entschädigung für die Länder, die dieser Fürst und seine Erben in Italien besaßen, das Breisgau abzutreten, welches derselbe mit den nemlichen Bedingnissen besitzen soll, unter welchen Er das Modenesische besaß.

Art. V. Man ist nebst dem übereingekommen, daß Se. Königl. Hoheit der Großherzog von Toskana für Sich, Ihre Nachfolger, und Erbnehmer, auf das Großherzogthum Toscana, und die davon abhangenden Theile der Insel Elba, alle Rechte und Ansprüche, die von Ihren Rechten auf diese Staaten hergeleitet werden können, Verzicht leisten, welche Staaten von nun an, Se. Königl. Hoheit der Infant Herzog von Parma, mit völliger Landes-Hoheit und vollem Eigenthums-Rechte besitzen werden. Der Großherzog von Toscana wird für seine Staaten in Italien eine vollkommene und gänzliche Entschädigung in Teutschland erhalten. Der Großherzog wird, nach eigenem Gutfinden, mit jenen Gütern und Eigenthum disponiren, welches Se. Kön. Hoheit als Particulier in Toscana besitzen, und welches Sie, entweder durch persönliche Erwerbungen, oder durch Ererbung des persönlichen Eigenthums Weiland Sr. Maj. des Kaisers Leopold II. Ihres Herrn Vaters, oder Weil. Sr. Maj. des Kaisers Franz I. Ihres Großvaters an Sich gebracht haben. Auch ist verabredet worden, daß die Schuld-Forderungen, öffentliche Entrichtungen, und anderes Eigenthum des Großherzogthums, so wie auch die auf diesem Lande rechtmäßig haftenden Passiv-Schulden an den neuen Großherzog übertragen werden sollen.

Art. VI. Se. Maj. der Kaiser und König willigen sowohl in Ihrem, als des teutschen Reichs Namen ein, daß die Französische Republik in Zukunft mit völliger Landes-Hoheit, und eigenthümlich jene Länder und Domainen besitze, die an dem linken Ufer des Rheins gelegen sind, und die bisher einen Theil des teutschen Reichs ausmachten; dergestalt, daß in Gemäßheit dessen, was bei dem Congreß zu Rastadt von der Reichs-Deputation ausdrücklich bewilligt, und von dem Kaiser genehmigt worden ist, der Thalweg des Rheins hinführan die Gränzscheidung zwischen der französischen Republik und dem teutschen Reiche seyn soll, nehmlich von dem Puncte an, wo der Rhein das helvetische Gebiet verläßt, bis zu jenem, wo dieser Fluß in jenes der Batavischen Republik einfließt. In Folge dessen entsagt die französische Republik förmlich allem und jedem Besitze auf dem rechten Ufer des Rheins, und williget ein, den rechtmäßigen Besitzern die Festungen Düsseldorf, Ehrenbreitstein, Philippsburg, die Veste Cassel, und andere Festungswerker, gegenüber von Maynz an dem rechten Ufer, die Veste Kehl und Alt-Breisach unter der ausdrücklichen Bedingniß zurückzustellen, daß diese Plätze und Vestungen in dem nehmlichen Zustand zu verbleiben haben, in welchem sie sich bei ihrer Räumung befinden werden.

Art. VII. Und da durch die Abtretung, die das teutsche Reich der französischen Republik macht, insbesondere mehrere Fürsten und Stände des Reichs Ihrer Besitzungen, ganz oder zum Theil, entsetzt werden, da es doch dem gesammten teutschen Reiche obliegt, die aus den Stipulationen des gegenwärtigen Tractats entstehenden Verluste zu tragen, so ist zwischen Sr. Maj. dem Kaiser und König, in Ihrem Namen sowohl, als in jenem des teutschen Reichs, und der französischen Republik verabredet worden, daß in Gemäßheit der auf dem Congreß zu Rastadt förmlich festgesetzten Grundsätze, das Reich verpflichtet seyn soll, jenen Erbfürsten, die von ihren Besitzungen auf dem linken Rhein-Ufer entsetzet werden, eine Entschädigung zu geben, welche in dem gedachten teutschen Reiche selbst genommen werden, und zwar nach den Verfügungen, die, dieser Grundlage gemäß, in der Folge genauer bestimmt werden sollen.

Art. VIII. Auch ist verabredet worden, so wie es bereits durch den 4ten und den 10ten Artickel des Tractats von Campo Formio geschehen, daß in allen Ländern, die durch den gegenwärtigen Tractat abgetreten, erworben, oder vertauscht werden, diejenigen, die solche Besitzungen erhalten, alle auf dem Grund und Boden der gedachten Länder verhypothecirten Schulden auf sich nehmen sollen; da aber in dieser Hinsicht, sich verschiedene Anstände über die Auslegung der erwähnten Artickel des Tractats von Campo Formio ergeben haben, so hat man sich ausdrücklich dahin einverstanden, daß die französische Republik keine andern Schulden übernehme, als jene, die von solchen Anleihen sich herleiten, in welche die Stände der abgetretenen Länder förmlich gewilliget haben, oder jene, die durch die wirklichen Administrations-Kosten der besagten Länder entstanden sind.

Art. IX. Gleich nach der Auswechslung der Ratificationen des gegenwärtigen Tractats, wird in allen durch diesen Tractat abgetretenen, erworbenen, oder ausgetauschten Ländern, allen und jeden Einwohnern und Besitzern die Aufhebung des Beschlags gestattet werden, womit ihre Güter, Habseligkeiten, und Einkünfte, wegen des obgewalteten Krieges, belegt worden sind. Die contrahirenden Theile verbinden sich, alles dasjenige zu bezahlen, was sie etwa für die von gedachten Particuliers, oder von öffentlichen in besagten Ländern vorhandenen Etablissements dieser Länder geliehenen Capitalien, schuldig seyn könnten, so wie auch alle Zinsen zu entrichten und zu ersetzen, die, zu ihrem Vortheil, auf jedem derselben versichert worden sind. In Folge dessen ist ausdrücklich anerkannt worden, daß die Inhaber der Actien der Wiener Bank, welche französische Bürger geworden sind, die Vortheile ihrer Actien fortan genießen, und die davon verfallenen oder ferner davon abfallende Zinsen erhalten sollen, ungeachtet alles Beschlags, und aller Abbrüche, die als ungeschehen betrachtet werden, und namentlich jene, die sich von dem Umstand herleiten, daß verschiedene Actien-Inhaber, welche französische Bürger geworden sind, jene 30 und 100 Procente nicht entrichten konnten, die von Sr. Maj. dem Kaiser und Könige den Actien-Inhabern der Wiener Bank auferlegt worden sind.

Art. X. Die contrahirenden Theile werden ebenfalls allen Beschlag aufheben lassen, der wegen des Krieges auf die Güter, Gerechtsamen und Einkünfte der Unterthanen Sr. Maj. des Kaisers, oder des Reichs, auf dem Gebiete der französischen Republik, und der französischen Bürger in den Staaten Sr. gedachten Maj. oder des Reichs könnten gelegen worden seyn.

Art. XI. Der gegenwärtige Friedens-Tractat, und namentlich dessen 8. 9. und 10. Artickel, so wie auch der nachfolgende 15. Artickel, wird hiermit auf die Batavische, Helvetische, Cisalpinische und Ligurische Republiken, als gemeinschaftlich ausgedehnt. Die contrahirenden Theile verbürgen einander wechselsweise die Unabhängigkeit gedachter Republiken, und den darin wohnenden Völkern die Freiheit, jene Regierungsform anzunehmen, die sie für schicklich halten.

Art. XII. Se. Kais. und Kön. Maj. entsagen für sich und Ihre Nachkommen, zu Gunsten der Cisalpinischen Republik, allen Rechten, und allen von diesen Rechten herfließenden Ansprüchen, die Se. Majestät auf jene Länder machen könnten, die Sie vor dem Kriege in Italien besessen haben, und welche Kraft des 8. Artickels des Tractats von Campo Formio, jetzt einen Theil der Cisalpinischen Republik ausmachen, welche Republik dieselben mit völliger Landeshoheit, und vollem Eigenthums-Rechte, sammt allen davon abhangenden Territorialgütern besitzen wird.

Art. XIII. Se. Kais. und Kön. Maj. bestätigen sowohl in Ihrem Namen, als im Namen des teutschen Reichs, Ihre bereits durch den Tractat von Campo-Formio gegebene Einwilligung in die Vereinigung der vormaligen Reichslehen mit der Ligurischen Republik, und entsagen allen Gerechtsamen und Ansprüchen, die sich von diesen Rechten auf gedachte Lehen herleiten.

Art. XIV. In Gemäßheit des 11ten Artickels des Tractats von Campo Formio, wird die Schiffahrt auf der Etsch, da dieser Fluß die Gränzscheidung zwischen den Staaten Sr. K. K. Majestät und jenen der Cisalpinischen Republik ausmacht, frei seyn, ohne daß auf einer oder der andern Seite, irgend ein Zoll errichtet, oder ein bewaffnetes Kriegsfahrzeug gehalten werden darf.

Art. XV. Alle auf beiden Seiten gemachten Kriegsgefangenen, so wie auch alle während dem Kriege ausgehobene oder gegebene Geiseln, die bis jetzt nicht ausgeliefert worden seyn dürften, sollen innerhalb vierzig Tagen, von dem Tage der Unterzeichnung des gegenwärtigen Tractats gerechnet, ausgeliefert werden.

Art. XVI. Die nicht veräußerten liegenden und persönlichen Güter Sr. Königl. Hoheit des Erzherzogs Karl, und der Erben Weyl. Ihrer Kön. Hoh. der Frau Erzherzogin Christine, die in den der französischen Republik abgetretenen Ländern gelegen sind; werden Ihnen zurückgestellt, mit der Verbindlichkeit, dieselben in einem Zeitraum von 3 Jahren zu verkaufen. Eben so soll es mit den liegenden persönlichen Gütern Ihr. Kön. Hoheiten des Erzherzogs Ferdinand und der Frau Erzherzogin Beatrix, seiner Gemahlin, in dem Gebiete der Cisalpinischen Republik gehalten werden.

Art. XVII. Die Artickel 12. 13. 15. 16. 17. und 23. des Tractats von Campo-Formio werden ausdrücklich in Erinnerung gebracht, um nach ihrer Form, und ihrem Inhalte eben so vollzogen zu werden, als wenn sie Wort für Wort dem gegenwärtigen Friedens-Schlusse einverleibt wären.

Art. XVIII. Die Contributionen, Lieferungen, und jede Art von Kriegsleistung werden von dem Tage der Auswechselung der Ratificationen gegenwärtigen Tractats durch Se. Kais. M. und das Reich einer, und die französische Republik anderer Seits aufhören.

Art. XIX. Gegenwärtiger Tractat wird von S. M. dem Kaiser und König, von dem Reiche und von der französischen Republik binnen 30 Tagen, oder, wo möglich noch früher, ratificirt werden; und es ist festgesetzt, daß die Armeen beider Mächte in den Stellungen, worin sie sich befinden, sowohl in Teutschland als in Italien, bleiben, bis erwähnte Ratificationen Sr. K. K. M. des Reichs, und der französischen Republik zu gleicher Zeit zwischen den gegenseitigen Bevollmächtigten zu Luneville ausgewechselt worden sind.

Auch ist festgesetzt, daß zehn Tage nach der Auswechselung der Ratificationen, die Armeen Sr. K. K. Maj. in die Kaiserlichen Erbstaaten zurückkehren, daß dieselben in dem nehmlichen Zeitraum von den Französischen Armeen werden geräumt, und daß dreißig Tage nach jener Auswechselung die französischen Armeen das ganze Reichs-Gebiet verlassen werden.

Hoff, S. 205–229.

8 Georg Wilhelm Friedrich Hegel
Die Verfassung Deutschlands

1802

Deutschland ist kein Staat mehr. Die älteren Staatsrechtslehrer, welchen bei der Behandlung des deutschen Staatsrechts die Idee einer Wissenschaft vorschwebte und welche also darauf ausgingen, von der deutschen Verfassung einen Begriff festzusetzen, konnten über diesen Begriff nicht einig werden, bis die neueren es aufgaben, ihn zu finden, und das Staatsrecht nicht mehr als eine Wissenschaft, sondern als eine Beschreibung von dem, was empirischerweise, ohne einer vernünftigen Idee sich anzupassen, vorhanden ist, behandeln und dem deutschen Staate nichts mehr als den Namen eines Reichs oder eines Staatskörpers geben zu können glauben.

Es ist kein Streit mehr darüber, unter welchen Begriff die deutsche Verfassung falle. Was nicht mehr begriffen werden kann, ist nicht mehr. Sollte Deutschland ein Staat sein, so könnte man diesen Zustand der Auflösung des Staats nicht anders als mit einem auswärtigen Staatsrechtsgelehrten Anarchie nennen, wenn nicht die Teile sich wieder zu Staaten konstituiert hätten, denen weniger ein noch bestehendes als vielmehr die Erinnerung eines ehemaligen Bandes noch einen Schein von Vereinigung läßt, so wie die herabgefallenen Früchte noch ihrem Baume angehört zu haben daran erkannt werden, daß [sie] unter seiner Krone liegen; aber [weder] die Stelle unter ihm noch sein Schatten, der sie berührt, retten sie nicht vor Fäulnis und der Macht der Elemente, denen sie jetzt gehören.

[...]

Die Organisation dieses Körpers, welche die deutsche Staatsverfassung heißt, hatte sich in einem ganz anderen Leben gebildet, als nachher und jetzt in ihm wohnt; die Gerechtigkeit und Gewalt, die Weisheit und die Tapferkeit verflossener Zeiten, die Ehre und das Blut, das Wohlsein und die Not längst verwester Geschlechter und mit ihnen untergegangener Sitten und Verhältnisse ist in den Formen dieses Körpers ausgedrückt. Der Verlauf der Zeit aber und der in ihr sich entwickelnden Bildung hat das Schicksal jener Zeit und das Leben der jetzigen voneinander abgeschnitten. Das Gebäude, worin jenes Schicksal hauste, wird von dem Schicksal des jetzigen Geschlechts nicht mehr getragen und steht ohne Anteil und Notwendigkeit für dessen Interesse und seine Tätigkeit isoliert von dem Geiste der Welt. Wenn diese Gesetze ihr altes Leben verloren haben, so hat sich die jetzige Lebendigkeit nicht in Gesetze zu fassen gewußt; jede ist ihren eigenen Weg gegangen, hat sich für sich festgesetzt, und das Ganze [ist] zerfallen, der Staat ist nicht mehr.

[...]

Die Grundsätze des deutschen öffentlichen Rechts sind daher nicht aus dem Begriffe eines Staats [überhaupt] oder dem Begriffe einer bestimmten Verfassung, einer Monarchie usw. abzuleiten, und das deutsche Staatsrecht ist nicht eine Wissenschaft nach Grundsätzen, sondern ein Urbarium von den verschiedensten der nach Art des Privatrechts erworbenen Staatsrechte. Gesetzgebende, gerichtliche, geistliche, militärische Gewalt sind, auf die regelloseste Art und in den ungleichartigsten Portionen vermengt, geteilt und verbunden, geradeso mannigfaltig als das Eigentum der Privatleute.

Durch Reichstagsabschiede, Friedensschlüsse, Wahlkapitulationen, Hausverträge, reichsgerichtliche Entscheidungen usw. ist das politische Eigentum eines jeden Gliedes des deutschen Staatskörpers aufs sorgfältigste bestimmt. Die Sorgsamkeit dafür [hat] sich mit der pünktlichsten Religiosität auf alles und jedes erstreckt und auf scheinbar unbedeutende Dinge, z.B. Titulatur, Ordnung im Gehen und Sitzen, Farbe mancher Meubles usw., jahrelange Bemühungen verwandt. Von dieser Seite der genauesten Bestimmung jedes auch noch so geringfügigen Umstands, der sich aufs Recht bezieht, muß dem deutschen Staate die beste Organisation zugeschrieben werden. Das Deutsche Reich ist ein Reich, wie das Reich der Natur ist [in] seinen Produktionen, unergründlich im Großen und unerschöpflich im Kleinen, und diese Seite ist es, welche die Eingeweihten in die unendlichen Details der Rechte mit jenem Staunen vor der Ehrwürdigkeit des deutschen Staatskörpers und mit jener Bewunderung für dies System der durchgeführtesten Gerechtigkeit erfüllt.

Diese Gerechtigkeit, jeden Teil in seiner Trennung vom Staat zu erhalten, und die notwendigen Ansprüche des Staats an das einzelne Glied desselben stehen in dem vollkommensten Widerspruche. Der Staat erfordert einen allgemeinen Mittelpunkt, einen Monarchen und Stände, worin sich die verschiedenen Gewalten, Verhältnisse zu auswärtigen Mächten, Kriegsmacht, Finanzen, die hierauf Bezug haben, usw. vereinigten, einen Mittelpunkt, [der] zu der Direktion auch die notwendige Macht hätte, sich und seine Beschlüsse zu behaupten und die einzelnen Teile in der Abhängigkeit von sich zu erhalten. Durch das Recht hingegen ist den einzelnen Ständen beinahe gänzliche oder vielmehr gänzliche Unabhängigkeit zugesichert. Wenn es Seiten der Unabhängigkeit gibt, die nicht ausdrücklich und feierlich in Wahlkapitulationen, Reichstagsabschieden usw. bestimmt sind, [so] sind sie ihnen durch die Praxis sanktioniert, – ein wichtigerer und durchgreifenderer Rechtsgrund als alle übrigen. Das deutsche Staatsgebäude ist nichts anderes als die Summe der Rechte, welche die einzelnen Teile dem Ganzen entzogen haben, und diese Gerechtigkeit, die sorgsam darüber wacht, daß dem Staate keine Gewalt übrigbleibt, ist das Wesen der Verfassung.

[...]

Noch nachteiliger als alle diese Umstände der Beschaffenheit eines Reichsheers ist es, daß eigentlich nie eines zusammengebracht wird; und hierin zeigt sich am sichtbarsten die Auflösung Deutschlands in unabhängige Staaten.

Nach der Theorie der Grundgesetze würde die Reichsarmee ein furchtbares Heer sein können, aber die Praxis, dies mächtige Prinzip des deutschen Staatsrechts, zeigt etwas ganz anderes. Wenn man nur zu oft eine ungeheure Menge deutscher Soldaten im Felde sieht, so versteht es sich, daß sie nicht als Reichsarmee zur Verteidigung Deutschlands, sondern zur Zerfleischung seiner Eingeweide auf den Beinen sind. Das, was man deutsche Verfassung nennt, vermag nicht nur nicht, solche Kriege zu verhüten, sondern macht sie vielmehr recht- und gesetzmäßig.

[...]

Daß also das Problem, wie Deutschland ein Staat und zugleich kein Staat sei, gelöst werde, muß es, insofern es ein Staat wäre, bloß als Gedankenstaat existieren, das Nichtsein des Staats aber die Realität haben. Damit nun der Gedankenstaat für sich sei, muß die richterliche Gewalt, welche den Widerspruch aufheben und das, was nur Gedanke ist, auf die Wirklichkeit anwenden, ihn also realisieren und die Wirklichkeit ihm gemäß machen wollte, so beschaffen sein, daß auch ihre Anwendung nur ein Gedanke bleibt und also die allgemeinen Ordnungen, durch welche das Land ein Staat wäre, in ihrem Übergang in die Realität gelähmt und dieser Übergang selber zwar selbst gesetzt und angeordnet – denn die Ordnungen haben gar keinen Sinn, wenn sie nicht den Zweck haben ausgeführt zu werden –, aber auch der Akt des Übergangs wieder zu einem Gedankending gemacht würde.

Die Lähmung dieses Übergangs kann auf jeder seiner Stufen geschehen. Eine allgemeine Anordnung wird gemacht, sie soll ausgeführt werden und im Weigerungsfall gerichtlich verfahren werden. Wird die Weigerung, daß geleistet wird, nicht gerichtlich gemacht, so bleibt die Ausführung an sich liegen; wird sie gerichtlich gemacht, so kann der Spruch verhindert werden; kommt er zustande, so wird ihm nicht Folge geleistet. Dies Gedankending von Beschluß soll aber ausgeführt und eine Strafe verhängt werden, so wird der Befehl zu der zu erzwingenden Vollstreckung gegeben. Dieser Befehl wird wieder nicht vollstreckt, so muß ein Beschluß gegen die Nichtvollstreckenden erfolgen, sie zum Vollstrecken zu zwingen. Diesem wird wieder nicht Folge geleistet, so muß dekretiert werden, daß die Strafe vollzogen werden soll an denen, welche sie an dem nicht vollziehen, der sie nicht vollzieht usf. Dies ist die trockene Geschichte, wie eine Stufe nach der andern, die ein Gesetz ins Werk setzen soll, zu einem Gedankendinge gemacht wird.

[…]

G. W. F. Hegel, Werke 1, Frühe Schriften, Frankfurt a.M. 1971, S. 461 f., 465, 468 f., 488, 508 f.

9 Der Reichsdeputationshauptschluß

25. Februar 1803

Demnach zu Beendigung des zwischen Kaiserl. Majestät und dem Deutschen Reiche eines – dann der Französischen Republik andern Theils – ausgebrochenen Kriegs, zufolge 20sten Artikels des am 17ten October 1797 geschlossenen Friedens zu Campo-Formio noch in demselbigen Jahre ein Friedens-Congreß zwischen Allerhöchstgedachter Sr. Kaiserl. Majestät und einer dazu ernannten außerordentlichen Reichsdeputation einer – dann den Bevollmächtigten der Französischen Republik andrer Seits – zu Rastadt eröffnet worden, auch daselbst die Unterhandlungen bereits so weit gediehen, daß im Namen des Deutschen Reiches in die Ueberlassung der Lande der linken Rheinseite nicht nur gewilligt, sondern auch wegen des dadurch auf solcher Rheinseite entstehenden Verlustes die Grundlage der Entschädigung durch Säcularisationen angenommen, diese Friedensunterhandlungen aber durch den Wiederausbruch der Feindseligkeiten unterbrochen worden: so ist zwar nachher am 9ten Febr. 1801 von Sr. Kaiserl. Majestät mit dem ersten Consul der Französischen Republik auch Namens des Deutschen Reichs, unter Beziehung auf die bey dem vorhergegangenen Rastadter Congresse von der Reichsdeputation schon verwilligte Basis, Friede zu Lüneville geschlossen, dieser Friedensschluß auch von Churfürsten, Fürsten und Ständen unter reichsoberhauptlicher Mitwirkung am 7ten März 1801 wirklich genehmigt, jedoch sind in diesem Friedensschlusse selbst einige Gegenstände auf weitere Erörterung ausgesetzt worden; indem nicht nur die im 5ten Art. dem Herrn Großherzoge von Toscana zugesagte Entschädigung in Deutschland keine nähere Bestimmung daselbst erhalten, sondern auch vermöge des 7ten Art. die Entschädigungen der erblichen Reichsstände in Gemäßheit der schon erwähnten zu Rastadt aufgestellten Grundsätze noch bestimmt werden sollten.

Nachdem nun ferner von Sr. Kaiserl. Majestät zu Vollziehung dieser Artikel, sogleich nach geschehener Mittheilung des Friedens von Lüneville, an die allgemeine Reichsversammlung durch ein eignes Kaiserl. Commissions-Decret vom 3ten März ein weiteres Reichsgutachten über die reichsständische Mitwirkungsart zur gänzlichen Berichtigung des Reichsfriedensgeschäftes verlangt, dieses Reichsgutachten auch den 2ten Oct. 1801 dahin, daß hierzu eine abermalige außerordentliche Reichsdeputation, bestehend aus 8 Mitgliedern, und zwar

aus dem Churfürsten-Rathe:

Churmainz, Chursachsen,
Churböhmen, Churbrandenburg,

aus dem Fürsten-Rathe:

Baiern, Wirtemberg,
Hoch- und Deutschmeister, und Hessen-Cassel,

zu ernennen sey, wirklich erstattet, und von Kaiserl. Majestät unterm 7ten Nov. 1801 allergnädigst genehmigt worden; so haben sodann endlich Se. Kaiserl. Majestät durch ein weiteres allergnädigstes Commissions-Decret vom 2ten August v. J. der allgemeinen Reichsversammlung bekannt gemacht, daß der Zeitpunct, wo die außerordentliche Reichsdeputation sich zu vereinigen habe, erschienen sey, daß daher sämtliche deputirte Stände ihre Subdelegirten nach Regensburg, als den mit Beystimmung der Französischen Regierung festgesetzten Ort absenden, auch daß die zu gänzlicher Berichtigung dieses Friedensgeschäftes für die Deputation erforderliche Vollmacht ausgefertigt werden solle, indem Allerhöchstsie in ihrer reichsoberhauptlichen Eigenschaft als ihren Kaiserl. Bevollmächtigten bey diesem Congresse den wirklichen Kaiserl. geheimen Rath und Kaiserl. Concommissarius an der allgemeinen Reichsversammlung Reichsfreiherrn von *Hügel* zu bestimmen allergnädigst geruhet hätten.

Wie nun hierauf die Reichsvollmacht, um die in dem Lüneviller Friedensschlusse Art. 5 und 7 einer besondern Uebereinkunft noch vorbehaltenen Gegenstände, einvernehmlich mit der Französischen Regierung näher zu untersuchen, zu prüfen, und zu erledigen, am 3ten August v.J. für diese außerordentliche

Reichsdeputation wirklich ausgefertigt worden: so haben die deputirten Reichsstände ihre Subdelegirten, nämlich

Kurmainz den Kurfürstl. Mainzischen Staatsminister Freyh. von *Albini*;
Kurböhmen den Kaiserl. Reichshofrath Herrn von *Schraut*, und späterhin noch den Churböhmischen Reichstags-Gesandten Grafen zu *Colloredo Mannsfeld*;
Bayern den wirklichen geheimen Rath und Comitialgesandten Freyherrn von *Rechberg* und *Rothenlöwen*;
Hoch- und Deutschmeister den adel. wirklichen Hof-Regierungs- und Kammerrath Freyherrn von *Nordegg zur Rabenau*;
Kursachsen den geheimen Rath Herrn von *Globig*;
Kurbrandenburg den königlich Preußischen geheim. Etats- und Kriegsminister auch Reichstags-Gesandten Grafen von *Schlitz* genannt *Görz*, und den königl. Preußischen Directorialgesandten im Fränkischen Kreise und Kammer-Vicepräsidenten zu Ansbach Hrn. *Hänlein*;
Wirtemberg den wirklichen geheimen Rath Freyherrn von *Norrmann*;
Hessen-Cassel den geheimen Rath und Comitialgesandten Herrn von *Günterode*, und späterhin noch den Kriegsrath Herrn von *Starkloff*

hieher nach Regensburg abgeordnet, so, daß diese Deputationsversammlung, nach allerseitiger herkömmlichermaßen vollzogener Legitimation, am 24ten Aug. wirklich constituirt und mittelst Proposition des ernannten höchstansehnlichen Kaiserl. Herrn Plenipotentiarius eröffnet worden.

Da nun auch zu gleicher Zeit der erste Consul der Französ. Republik einen Ministre extraordinaire in der Person des Citoyen *Laforest*, hieher abgeordnet; ferner Se. Kaiserl. Russische Majestät Ihre hohe Vermittelung, gemeinsam mit dem Französischen Gouvernement zu Berichtigung der gedachten Entschädigungssache und zu Befestigung der Ruhe Deutschlands, eintreten zu lassen, sich entschlossen, und zu dem Ende bereits unterm 18ten August ersagter Französ. Ministre, Citoyen *Laforest* gemeinsam mit dem bey der allgemeinen Reichsversammlung accreditirten Kaiserl. Russischen Herrn Ministre Résident *Klüpfel* zwey gleichlautende Declarationen dieser Reichsdeputation mitgetheilt, worin diese hohen vermittelnden Mächte, zum Behufe der anzustellenden Berathschlagungen, einen allgemeinen Entschädigungsplan vorgelegt; auch kurz nachher Se. Kaiserl. Russische Majestät einen eigenen Plenipotentiaire in der Person des Kaiserl. Russischen geheimen Raths und mehrerer Orden Ritters, Herrn Carl Freyherrn von *Bühler*, bisherigen außerordentlichen Gesandten am Churpfalzbairischen Hofe, zu diesem Geschäfte hieher abzuordnen geruhet; sodann die Reichsdeputation die ihr zugestellten Declarationen in allen ihren Theilen gründlich erwogen, hierüber den gedachten Herrn Ministern der vermittelnden Mächte unter jedesmaliger Mittheilung der bey ihr eingereichten mannigfaltigen Reclamationen und Vorstellungen ihre Beschlüsse eröffnet; hierauf aber diese unterm 8ten Oct. der Deputation einen abgeänderten Plan, als Resultat ihrer neuesten Instructionen mitgetheilt, die Deputation sodann auch diesen zweyten Plan in weitere Berathung gezogen, und hierüber den erwähnten Herren Ministern ihre ferneren Beschlüsse ebenfalls communicirt, darauf endlich diese weitere Noten vom 19ten October, 15ten und 19ten November, 3ten December v. J. 18ten und 31ten Jänner, dann den 11ten dieses übergeben haben; so ist nunmehr hiernach und aus allen vordern einzelnen Deputationsbeschlüssen folgender

Deputations-Hauptschluß

abgefaßt worden:

Die Austheilung und endliche Bestimmung der Entschädigungen, geschieht wie folgt:

§ **1**. Sr. Majestät dem Kaiser, Könige von Ungarn und Böhmen, Erzherzoge von Oestreich, für die Abtretung der Landvogtey Ortenau: die Bisthümer Trient und Brixen, mit ihren sämtlichen Gütern, Einkünften, eigenthümlichen Besitzungen, Rechten und Vorrechten, ohne irgend einige Ausnahme; und die in diesen beyden Bisthümern gelegenen Capitel, Abteyen und Klöster; unter der Verbindlichkeit jedoch, sowohl für den lebenslänglichen Unterhalt der beyden jetzt lebenden Fürstbischöfe und der Mitglieder der beyden Domcapitel, nach einer mit solchen zu treffenden Uebereinkunft, als auch für die hierauf erfolgende Dotation der bey diesen beyden Diöcesen anzustellenden Geistlichkeit, nach dem in den übrigen Provinzen der östreichischen Monarchie bestehenden Fuße zu sorgen. Alle Eigenthums- und übrigen Rechte, die Sr. Majestät dem Kaiser und König als Souverain der Erbstaaten und als höchstem Reichsoberhaupte zustehen, bleiben Ihnen vorbehalten, in so ferne diese Rechte mit der Vollziehung gegenwärtiger Urkunde bestehen können; jene Rechte hingegen, worüber besonders verfügt worden ist, gehen an die neuen Besitzer über.

Dem Erzherzoge Großherzoge für Toscana und dessen Zugehörungen: das Erzbisthum Salzburg, die Probstey Bergtolsgaden, der jenseits der Ilz und des Inn auf der Seite von Oestreich gelegene Theil des Bisthums Passau, jedoch mit Ausnahme der Innstadt und Ilzstadt, samt einem Bezirke von 500 französischen Toisen im Durchschnitte vom äußersten Ende jener Vorstädte an gemessen; und endlich die in den oberwähnten Diöcesen gelegenen Capitel, Abteyen und Klöster. Die Besitzungen erhält der Erzherzog unter den, auf die bestehenden Verträge gegründeten Bedingungen, Verbindlichkeiten und Verhältnissen.

Sie werden vom Bayrischen Kreise getrennt, und dem Oestreichischen einverleibt; auch ihre geistlichen, sowohl Metropolitan- als Diöcesan-Gerichtsbarkeiten werden gleichfalls durch die Gränzen der beyden Kreise abgesondert; und die oben von des Erzherzogs Entschädigungen ausgenommenen Theile mit den bayrischen Diöcesen verbunden. Mühldorf, und der auf dem linken Innufer gelegene Theil der Grafschaft Neuburg werden mit aller Landeshoheit mit dem Herzogthume Bayern vereinigt. Das Aequivalent der Einkünfte von Mühldorf und der Landeshoheit über Neuburg ist von den Einkünften, welche Freisingen im östreichischen Gebiet besitzt, zu nehmen.

Der Erzherzog Großherzog erhält überdieß für sich und seine Erben in völlig souverainen und unabhängigen Besitz das Bisthum Eichstädt, sammt allen demselben anhängigen Gütern, Einkünften, Rechten und Vorrechten, so wie der Fürstbischof solche zur Zeit der Unterzeichnung des Lüneviller Friedensschlusses besaß; jedoch mit Ausnahme der Aemter Sandsee, Wernfels-Spatt, Abenberg, Ahrberg-Ohrnbau, und Vahrnberg-Herrieden, und aller übrigen von den Anspachischen und Baireuthischen Landen eingeschlossenen Zugehörden des Bisthums Eichstädt, welche dem Churfürsten von Pfalzbayern verbleiben, und dem Erzherzoge Großherzoge durch ein vollständiges Aequivalent von den Herrschaften des Churfürsten in Böhmen, und falls diese nicht hinreichen, von irgend andern Einkünften des Churfürsten von Pfalzbayern ersetzt werden. In dem Gebiete des erwähnten Bisthums Eichstädt findet keine neu Errichtung irgend einiger Festungswerke von Seiten des Erzherzogs Großherzogs oder seiner Erben statt.

Der Breisgau und die Ortenau werden die Entschädigung des vormaligen Herzogs von Modena für das Modenesische, dessen Zugehörden und Zuständigkeiten ausmachen. Dieser Fürst und seine Erben werden beyde Lande nach dem buchstäblichen Inhalte des 4ten Art. des Lüneviller Friedensschlusses besitzen; welcher in dieser Rücksicht ohne einigen Vorbehalt oder Einschränkung von der Ortenau, wie von dem Breisgau zu verstehen ist.

§ 2. Dem Churfürsten von Pfalzbaiern für die Rheinpfalz, die Herzogthümer Zweybrücken, Simmern und Jülich, die Fürstenthümer Lautern und Veldenz, das Marquisat Bergopzoom, die Herrschaft Ravenstein und die übrigen in Belgien und im Elsaß gelegenen Herrschaften: das Bisthum Wirzburg unter den hernach vorkommenden Ausnahmen; die Bisthümer Bamberg, Freisingen, Augsburg, und das von Passau; mit Vorbehalt dessen, was § 1 dem Erzherzoge Großherzoge davon bestimmt ist; nebst der Stadt Passau, derselben Vorstädten, und allen und jeden Zugehörden diesseits des Inn und der Ilz, und überdieß noch einen von ihren äußersten Enden an zu nehmenden Bezirk von 500 französischen Toisen im Durchschnitt; ferner: die Probstey Kempten, die Abteyen Waldsassen, Eberach, Irrsee, Wengen, Söflingen, Elchingen, Ursberg, Roggenburg, Wettenhausen, Ottobeurn, Kaisersheim und St. Ulrich; überdieß die geistlichen Rechte, eigenthümliche Besitzungen und Einkünfte, welche von den in der Stadt und Markung Augsburg gelegenen Capiteln, Abteyen und Klöstern abhängen, jedoch mit Ausnahme alles dessen, was in besagter Stadt, und derselben Markung selbst begriffen ist. Endlich die Reichsstädte und Reichsdörfer: Rothenburg, Weißenburg, Windsheim, Schweinfurt, Gochsheim, Sennfeld, Kempten, Kaufbeurn, Memmingen, Dinkelsbühl, Nördlingen, Ulm, Bopfingen, Buchhorn, Wangen, Leutkirch und Ravensburg, nebst ihren Gebieten mit Einschlusse der freyen Leute auf der Leutkircher Haide.

Es findet keine Vermehrung der Festungswerke der Stadt Passau statt. Sie werden lediglich unterhalten, und es wird kein neues Festungswerk in den Vorstädten angelegt werden. Der Churfürst von Pfalzbayern erhält überdieß in vollen eigenthümlichen und Landeshoheitsbesitz nach den vorerwähnten Bedingnissen die von dem Antheile des Erzherzog Großherzogs getrennten Theile von Eichstädt, wobey der fernere Bedacht auf einen Territorialersatz dessen, was dem Churfürsten von Pfalzbayern noch für das ihm vorhin angewiesene Bisthum Eichstädt abgeht, vorbehalten wird.

§ 3. Dem Könige von Preußen, Churfürsten von Brandenburg für das Herzogthum Geldern, und den auf dem linken Rheinufer gelegenen Theil des Herzogthums Cleve; für das Fürstenthum Mörs, die Bezirke von Sevenaer, Huissen und Malburg, und für die Rhein- und Maaszölle:

Die Bisthümer, Hildesheim und Paderborn; das Gebiet von Erfurt mit Untergleichen, und alle Mainzischen Rechte und Besitzungen in Thüringen; das Eichsfeld, und der Mainzische Antheil an Treffurt. Ferner die Abteyen: Herforden, Quedlinburg, Elten, Essen, Werden und Kappenberg; und die Reichsstädte Mühlhausen, Nordhausen und Goslar; endlich die Stadt Münster, nebst dem Theile des Bisthums dieses Namens, welcher an und auf der rechten Seite einer Linie liegt, die unter Olphen und Seperad, Kakelsbeck, Heddingschel, Ghisschinck, Notteln, Hulschhofen, Nannhold, Nienburg, Uttenbrock, Grimmel, Schönfeld und Greven gezogen wird, und von da dem Laufe der Ems folgt, bis auf den Zusammenfluß der Hoopsteraa in der Grafschaft Lingen.

Die Ueberreste des Bisthums Münster werden auf folgende Weise vertheilt, nämlich: dem Herzoge von Oldenburg die Aemter: Vechte und Kloppenburg.

Dem Herzoge von Aremberg: das Amt Meppen, mit der Köllnischen Grafschaft Reklinghausen.

Dem Herzoge von Croy die Reste des Amts Dülmen.

Dem Herzoge von Looz und Corswaren: die Reste der Aemter Bevergern und Wolbeck.

Die Capitel, Archidiaconal-Präbenden, Abteyen und Klöster, so in den Aemtern gelegen sind, welche die obenbenannten Ueberreste des Bisthums Münster ausmachen, werden gedachten Aemtern einverleibt.

Dem Fürsten von Salm die Aemter: Bocholt und Ahaus, mit den darin liegenden Capiteln, Archidiaconaten, Abteyen und Klöstern; alles im Verhältnisse von zwey Drittheilen für Salm-Salm, und eines Drittheils für Kyrburg, dessen Abtheilung unverzüglich durch eine weitere Anordnung bestimmt werden wird.

Die Reste des Amtes Horstmar mit Einschluß der darin befindlichen Capitel, Archidiaconaten, Abteyen und Klöster fallen den Rheingrafen zu; unter der Bedingung, die gegen die Fürsten von Salm den 26sten October a.c. übernommenen Verbindlichkeiten zu erfüllen.

Aus der getroffenen Vertheilung von Münster folgt von selbst, daß die bisherige ständische Verfassung nicht mehr statt finden kann.

Das Haus Salm-Reiferscheid-Bedburg erhält das Mainzische Amt Krautheim, mit den Gerichtsbarkeits-Rechten der Abtey Schönthal in besagtem Amte, und überdieß eine beständige auf Amorbach ruhende Rente von 32000 Gulden.

Der Fürst von Salm-Reiferscheid für die Grafschaft Nieder-Salm: eine immerwährende Rente von 12000 Gulden auf Schönthal.

Der Graf von Reiferscheid-Dyk erhält für die Feudalrechte seiner Grafschaft eine immerwährende Rente von 28000 Gulden auf die Besitzungen der Frankfurter Capitel.

§ 4. Dem Könige von England, Churfürsten von Braunschweig-Lüneburg, für seine Ansprüche auf die Grafschaft Sayn-Altenkirchen, Hildesheim, Korvei und Höxter, und für seine Rechte und Zuständigkeiten in den Städten Hamburg und Bremen, und in derselben Gebieten, namentlich dem Gebiete der letzteren, so wie dasselbe unten bestimmt werden wird, wie auch für die Abtretung des Amtes Wildeshausen: das Bisthum Osnabrück.

Dem Herzoge von Braunschweig-Wolfenbüttel, die Abteyen: Gandersheim und Helmstädt, mit der Auflage einer immerwährenden Rente von zweytausend Gulden zu der Stiftung der Prinzessin Amalie zu Dessau.

§ 5. Dem Marggrafen von Baaden für seinen Theil an der Grafschaft Sponheim, und für seine Güter und Herrschaften im Luxemburgischen, Elsaß u.s.f. das Bisthum Constanz, die Reste der Bisthümer Speier, Basel und Straßburg, die pfälzischen Aemter Ladenburg, Bretten und Heidelberg mit den Städten Heidelberg und Mannheim; ferner die Herrschaft Lahr, unter den zwischen dem Marggrafen von Baaden, dem Fürsten von Nassau-Usingen, und den übrigen Interessenten verabredeten Bedingungen; ferner die Hessischen Aemter: Lichtenau und Wildstädt; dann die Abteyen: Schwarzach, Frauenalb, Allerheiligen, Lichtenthal, Gengenbach, Ettenheim-Münster, Petershausen, Reichenau, Oehningen, die Probstey und das Stift Odenheim, und die Abtey Salmansweiler, mit Ausnahme von Ostrach und den unten bemerkten Zugehörungen. Die Reichsstädte Offenburg, Zell am Hammersbach, Gengenbach, Ueberlingen, Biberach, Pfullendorf und Wimpfen; endlich die mittelbaren sowohl, als unmittelbaren Besitzungen und Rechte auf der Südseite des Neckars, welche von den öffentlichen Stiftungen und Körperschaften des linken Rheinufers abhängen.

§ 6. Dem Herzoge von Wirtemberg für das Fürstenthum Mömpelgard nebst Zugehörden, wie auch für seine Rechte, Besitzungen, Ansprüche und Forderung im Elsaß und in der Franche-Comté: die Probstey Ellwangen; die Stifter, Abteyen und Klöster: Zwiefalten, Schönthal und Comburg, mit Landeshoheit (jedoch unter Vorbehalt der Rechte der weltlichen Fürsten und der Grafschaft Limburg). Ferner: Rothenmünster, Heiligenkreuzthal, Oberstenfeld, Margrethenhausen, nebst allen denjenigen, so in seinen neuen Besitzungen gelegen sind. Ferner: das Dorf Dürrenmettstetten, und die Reichsstädte Weil, Reutlingen,

Eßlingen, Rothweil, Giengen, Aalen, Hall, Gemünd und Heilbronn; alles unter der Bedingung, folgende immerwährende Renten zu entrichten; nämlich:

Den Fürsten von Hohenlohe-Waldenburg für ihren Antheil am Bopparter Zoll 600 Gulden, halb an Bartenstein, halb an Schillingsfürst.

Dem Fürsten von Salm-Reiferscheid für seine Grafschaft Niedersalm 12000 Gulden.

Dem Grafen von Limburg-Styrum für die Herrschaft Oberstein, 12200 Gulden.

Dem Grafen von Schall für sein Gut Megen 12000 Gulden.
Der Gräfin Hillesheim für ihren Antheil an der Herrschaft Reipoltskirchen 5400 Gulden.

Der verwittweten Gräfin von Löwenhaupt für die Feudalrechte ihres Antheils an der Herrschaft Ober- und Niederbronn 11300 Gulden.

Den Erben des Freiherrn von Dietrich für gleiche Rechte 31200 Gulden.

Den Herren Seubert für die Lehen Beutal und Bretigny 3300 Gulden.

§ 7. Dem Landgrafen von Hessen-Cassel für St. Goar und Rheinfels und für seine Rechte und Ansprüche auf Corvey: die Mainzischen Aemter Fritzlar, Naumburg, Neustadt und Amöneburg; die Capitel Fritzlar und Amöneburg, und die Klöster in besagten Aemtern; ferner: die Stadt Gelnhausen und das Reichsdorf Holzhausen; alles unter Bedingung einer immerwährenden Rente von 22500 Gulden für den Landgrafen von Hessen-Rothenburg; welche Rente jedoch in der Folge auf den Ueberschuß des Ertrags von dem § 39 erwähnten Schiffahrtsoctroi übertragen wird, wenn sich nach Bezahlung jener Renten, welche in gegenwärtiger Urkunde auf diesen Ertrag unmittelbar angewiesen sind, ein hinreichender Ueberschuß ergiebt.

Dem Landgrafen von Hessen-Darmstadt für die Grafschaft Lichtenberg, die Aufhebung seines Schutzrechts über Wetzlar und des hohen Geleits in Beziehung auf Frankfurt; für die Abtretung der Hessischen Aemter: Lichtenau und Wildstädt, Katzenelnbogen, Braubach, Embs, Kleeberg, Epstein und des Dorfs

Weiperfelden: das Herzogthum Westphalen mit Zugehörden, und namentlich Volksmarsen, samt den im genannten Herzogthume befindlichen Capiteln, Abteyen und Klöstern, jedoch mit einer immerwährenden dem Fürsten von Wittgenstein-Berleburg zu zahlenden Rente von 15000 Gulden; welche Rente jedoch in der Folge auf den Ueberschuß des Ertrags von dem § 39 erwähnten Schiffahrtsoctroi übertragen wird, wenn sich nach Bezahlung jener Renten, welche in gegenwärtiger Urkunde auf diesen Ertrag unmittelbar angewiesen sind, ein hinreichender Ueberschuß ergiebt. Ferner: die Mainzer Aemter, Gernsheim, Bensheim, Heppenheim, Lorsch, Fürth, Steinheim, Alzenau, Vilbel, Rockenburg, Haßloch, Astheim, Hirschhorn; die Mainzischen auf der Südseite des Mains, im Darmstädtischen gelegenen Besitzungen und Einkünfte, namentlich die Höfe: Mönchhof, Gundhof und Klarenberg, wie auch diejenigen, so von den dem Fürsten von Nassau-Usingen weiter unten zugewiesenen Capiteln, Abteyen und Klöstern abhängen, mit Ausnahme der Dörfer: Bürgel und Schwanheim; ferner die Pfälzischen Aemter: Lindenfels, Umstadt und Otzberg, und die Reste der Aemter: Alzey und Oppenheim; dann den Rest des Bisthums Worms; die Abteyen: Seligenstadt und Marienschloß bey Rockenburg; die Probstey Wimpfen, und die Reichsstadt Friedberg. Alles unter der Bedingung, die Deputat-Gelder des Landgrafen von Hessen-Homburg wenigstens um den vierten Theil zu vermehren.

§ 8. Dem Herzoge von Holstein-Oldenburg für die Aufhebung des Elsfleter Zolls, die Abtretung der Dörfer in dem weiter unten bezeichneten Landesstriche von Lübeck, und für die ihm und dem Domcapitel zuständigen Rechte und Besitzungen in der Stadt dieses Namens: das Bisthum und Domcapitel Lübeck; das Hannöverische Amt: Wildeshausen, und die schon erwähnten Aemter: Vechte und Kloppenburg im Münsterschen.

§ 9. Dem Herzoge von Mecklenburg-Schwerin für seine Rechte und Ansprüche auf zwey erbliche Canonicate der Kirche zu Straßburg, die ihm als Ersatz für den Hafen von Wismar gegeben waren; so wie für seine Ansprüche auf die Halbinsel Priwal in der Trave, deren ausschließliches Eigenthum der Stadt Lübeck bleibt: die Rechte und das Eigenthum des Lübecker Hospitals in den Dörfern Warnekenhagen, Altenbuchow und Crumbrook, und in den der Insel Poel; ferner eine immerwährende Rente von 10000 Gulden, auf den § 39 erwähnten Schiffahrtsoctroi.

§ 10. Dem Fürsten von Hohenzollern-Hechingen für seine Feudalrechte in der Grafschaft Geulle, und den Herrschaften Mouffrin und Baillonville im Lütticher Lande: die Herrschaft Hirschlatt, und das Kloster Stetten.

Dem Fürsten von Hohenzollern-Sigmaringen für seine Feudalrechte in den Herrschaften Boxmer, Dixmüde, Berg, Gendringen, Etten, Fisch, Pannerden und Mühlingen; und für seine Domainen in Belgien: die Herrschaft Glatt, die Klöster Inzikhofen, Klosterbeuren und Holzheim; letzteres im Augsburgischen.

§ 11. Dem Fürsten von Dietrichstein für die Herrschaft Trasp in Graubünden: die Herrschaft Neu-Ravensburg.
Dem Fürsten von Ligne für Fagnolles: die Abtey Edelstetten unter dem Namen einer Grafschaft.

§ 12. Dem Fürsten von Nassau-Usingen für das Fürstenthum Saarbrück; zwei Drittheile der Grafschaft Saarwerden, die Herrschaft Ottweiler, und die von Lahr in der Ortenau: die Mainzischen Aemter: Königstein, Höchst, Kronenberg, Rüdesheim, Oberlahnstein, Eltwill, Haarheim, Kassel, mit den Besitzungen des Domkapitels auf der rechten Mainseite, unterhalb Frankfurt; ferner das Pfälzische Amt Kaub: nebst Zugehörden, der Rest des eigentlichen Churfürstenthums Cölln (mit Ausnahme der Aemter: Altwied und Nurburg); die Hessischen Aemter: Katzenelnbogen, Braubach, Embs, Epstein und Kleeberg, frey von den Solmsischen Ansprüchen; die Dörfer: Weiperfelden, Soden, Sulzbach, Schwanheim und Okriftel; die Capitel und Abteyen: Limburg, Rumersdorf, Bleidenstadt, Sayn, und alle Capitel, Abteyen und Klöster in den, ihm zur Entschädigung zugefallenen Landen; endlich die Grafschaft Sayn-Altenkirchen, mit dem Beding, sich in Ansehung der Schadloshaltung des Hauses Sayn-Wittgenstein, dessen Ansprüche auf die Grafschaft Sayn und Zugehörden erloschen bleiben, nach der darüber getroffenen Uebereinkunft zu benehmen.

Dem Fürsten von Nassau-Weilburg für den dritten Theil an Saarwerden, und die Herrschaft Kirchheim Polanden: der Rest des Churfürstenthums Trier, mit den Abteyen: Arnstein, Schönau und Marienstadt.

Dem Fürsten von Nassau-Dillenburg zur Entschädigung für die Statthalterschaft, und seine Domänen in Holland und Belgien: die Bisthümer Fulda und Corvey, die Reichsstadt Dortmund; die Abtey Weingarten, die Abteyen und Probsteyen Hofen, St. Gerold im Weingartischen, Bandern im Lichtensteinischen Gebiete; Dietkirchen, im Nassauischen, so wie alle Capitel, Abteyen, Probsteyen und Klöster in den zugetheilten Landen, unter der Bedingung, den bestehenden, und schon früher von Frankreich anerkannten Ansprüchen auf einige Erbschaften, welche im Laufe des letzten Jahrhunderts mit dem Nassau-Dillenburgischen Majorate vereinigt worden sind, Genüge zu thun.

§ 13. Dem Fürsten von Thurn und Taxis, zur Schadloshaltung für die Einkünfte der Reichsposten in den an Frankreich abgetretenen Provinzen: das gefürstete Damenstift Buchau nebst der Stadt; die Abteyen Marchthal und Neresheim; das zu Salmannsweiler gehörige Amt Ostrach im ganzen Umfange seiner gegenwärtigen Verwaltung, mit der Herrschaft Schemmelberg, und den Weilern Tiefenthal, Frankenhofen und Stetten.

Uebrigens wird die Erhaltung der Posten des Fürsten von Thurn und Taxis, so wie sie constituirt sind, garantirt. Dem zufolge sollen die gedachten Posten in dem Zustande erhalten werden, in welchem sie sich ihrer Ausdehnung und Ausübung nach, zur Zeit des Lüneviller Friedens befanden.

Um diese Anstalt in ihrer ganzen Vollständigkeit, so wie sie sich in besagtem Zeitpuncte befand, desto mehr zu sichern, wird sie dem besondern Schutze des Kaisers, und des churfürstlichen Collegiums übergeben.

§ 14. Dem Fürsten von Löwenstein-Werthheim für die Grafschaft Pütlingen, die Herrschaften Scharfeneck, Cugnon und andere: die zwey Mainzer Dörfer Würth und Trennfurt; die Würzburgischen Aemter Rothenfels und Homburg, die Abteyen Brombach, Neustadt und Holzkirchen; die Würzburgischen Verwaltungen Widdern und Thalheim, eine immerwährende

Rente von 12000 Gulden auf den § 39 erwähnten Schiffahrts-Octroi, und die Würzburgischen Rechte und Einkünfte in der Grafschaft Werthheim; jedoch unter der Clausel, gedachtes Amt Homburg und die Abtey Holzkirchen dem Churfürsten von Pfalzbaiern gegen eine immerwährende Rente von 28000 Gulden, oder gegen jedes andere Aequivalent, dessen sie übereinkommen mögen, wieder abzutreten.

Den Grafen von Löwenstein-Werthheim für die Grafschaft Virneburg: das Amt Freudenberg, die Karthause Grünau, das Kloster Triefenstein, und die Dörfer: Montfeld, Rauenberg, Wessenthal und Trennfeld.

§ **15**. Dem Fürsten von Oettingen-Wallerstein für die Herrschaft Dachstuhl: Die Abtey Heiligenkreuz zu Donauwörth, das Capitel St. Magnus zu Füssen, und die Klöster: Kirchheim, Deggingen und Maihingen, im Wallersteinischen.

§ **16**. Den Fürsten und Grafen zu Solms, für die Herrschaften Rohrbach, Kratz-Scharfenstein u. Hirschfeld, und für ihre Rechte und Ansprüche auf die Abtey Arensburg und das Amt Kleeberg: die Abteyen Arensburg, und Altenburg, im Solmsischen.

§ **17**. Den Fürsten und den Grafen von Stollberg für die Grafschaft Rochefort und ihre Ansprüche auf Königstein: eine immerwährende Rente von 30000 Gulden auf den § 39 erwähnten Schiffahrts-Octroi.

§ **18**. Dem Fürsten Carl von Hohenlohe-Bartenstein für die Herrschaft Oberbrunn: die Aemter Faltenbergstetten, Lautenbach, Jaxtberg, und Braunsbach, der Wirzburger Zoll im Hohenlohischen, und Antheil am Dorfe Neuenkirchen, das Dorf Münster, und der östliche Theil des Gebiets von Karlsberg; alles unter der Clausel, das nöthige Gebiet zu einer militairischen Straße, und directen ununterbrochenen Communication von Wirzburg nach Rothenburg gegen ein billiges Aequivalent an den Churfürsten von der Pfalz wieder abzutreten.

Den Häuptern der beyden Linien von Hohenlohe-Waldenburg für ihren Antheil am Bopparder Zoll: die schon erwähnten beständigen Renten von 600 Gulden auf Comburg.

Dem Fürsten von Hohenlohe-Ingelfingen für seine Rechte und Ansprüche auf die sieben Dörfer: Königshofen, Rettersheim, Reiderfeld, Wermuthhausen, Neubronn, Streichenthal und Oberndorf, das Dorf Nagelsberg.

Dem Fürsten von Hohenlohe-Neuenstein für die Abtretung des Dorfs Münster, und des östlichen Theils vom Karlsberger Gebiete, nämlich ein Bezirk von 500 französischen Toisen im Durchschnitte, von der äußersten Gränze an gerechnet: das Dorf Amrichshausen, und die Mainzer, Wirzburger und Comburger Antheile an dem Marktflecken Künzelsau.

§ **19**. Dem Fürsten von Isenburg für die Abtretung des Dorfes Okriftel das Dorf Gainsheim nah am Rhein mit den Resten der Abtey von Jacobsberg auf der rechten Rheinseite; jedoch mit Ausschluß derjenigen, welche im Gebiete des Landgrafen von Hessen-Cassel eingeschlossen sind; sodann das Dorf Bürgel bey Offenbach.

Der Fürstin von Isenburg Gräfin von Parkstein, für ihren Antheil an der Herrschaft Reipoltskirchen und anderer Herrschaften am linken Rheinufer eine immerwährende Rente von 23000 Gulden auf den § 39 erwähnten Schiffahrts-Octroi.

§ **20**. Dem Hause Leiningen für das Fürstenthum dieses Namens, die Grafschaft Daxburg und die Herrschaft Weihersheim, so wie für seine Rechte und Ansprüche auf Saarwerden, Lahr und Mahlberg, nämlich:

Dem Fürsten von Leiningen die Mainzischen Aemter Miltenberg, Buchen, Seeligenthal, Amorbach und Bischofsheim; die von Wirzburg getrennten Aemter Grünsfeld, Lauda, Hartheim und Rittberg; die Pfälzischen Aemter: Boxberg und Mosbach, und die Abteyen Gerlachsheim und Amorbach.

Dem Grafen von Leiningen-Guntersblum für seinen Verlust und seinen Antheil an vorerwähnten Ansprüchen: die Mainzische Kellerey Billigheim und eine immerwährende Rente von 3000 Gulden auf den § 39 erwähnten Schiffahrts-Octroi.

Dem Grafen von Leiningen-Heidesheim für seinen Verlust und seinen Antheil an vorerwähnten Ansprüchen: die Mainzische Kellerey Neidenau und eine immerwährende Rente von 3000 Gulden auf den § 39 erwähnten Schiffahrts-Octroi.

Dem Grafen von Leiningen-Westerburg älterer Linie die Abtey und das Kloster Ilbenstadt in der Wetterau, mit der Landeshoheit in ihrem geschlossenen Umfange, und eine immerwährende Rente von 3000 Gulden auf den § 39 erwähnten Schifffahrts-Octroi.

Dem Grafen von Leiningen-Westerburg jüngerer Linie: die Abtey Engelthal in der Wetterau, und eine immerwährende Rente von 6000 Gulden auf den § 39 erwähnten Schiffahrts-Octroi.

§ 21. Dem Fürsten von Wiedrunkel für die Grafschaft Kriechingen: die Cöllnischen Aemter Nurburg und Altwied, und die Kellerey Vilmar.

§ 22. Dem Fürsten von Bretzenheim für Bretzenheim und Winzenheim: die Stadt und das gefürstete Damenstift Lindau am Bodensee.

§ 23. Dem Fürsten von Wittgenstein-Berleburg für die Herrschaften Neumagen und Hemsbach: die schon erwähnte immerwährende Rente von 15000 Gulden auf das Herzogthum Westphalen. Die als rechtmäßig anerkannten Ansprüche des Hauses Sayn-Wittgenstein auf die Grafschaften Sayn-Altenkirchen und Hachenburg werden durch die zwischen dem Markgrafen von Baden, dem Fürsten von Nassau, und den gedachten Grafen von Wittgenstein getroffene Uebereinkunft befriediget.

§ 24. Nachdem in Erwägung der Unzulänglichkeit der noch disponibel bleibenden Theile von unmittelbarem Gebiete und den gleichwohl bestehenden Erfordernissen eines verhältnißmäßigen Etablissements zur Uebertragung des Stimmrechts, die unmittelbaren Abteyen und Klöster: Ochsenhausen, Münchroth, Schussenried, Guttenzell, Hegbach, Baindt, Buxheim, Weissenau und Isny mit ihren Zugehörden, dann die Stadt Isny, für die Entschädigung der Reichsgrafen bestimmt sind, so wird diese Entschädigungsmasse folgender Gestalt vertheilt:

Dem Grafen von Aspremont-Lynden wegen Reckheim: die Abtey Baindt und eine jährliche Rente mit 850 Gulden von Ochsenhausen.

Dem Grafen von Bassenheim wegen Pyrmont und Ollbrükken: die Abtei Hegbach (mit Ausschluß der Orte Mietingen und Sullmingen, des Zehnden zu Baltringen und der zu diesem letzten Antheile bestimmten 500 Jauchert Wald), ferner eine jährliche Rente von 1300 Gulden von Buxheim.

Dem Grafen von Metternich wegen Winneburg und Beilstein, die Abtei Ochsenhausen (mit Ausschluß des Amtes Tannheim), unter der Verbindlichkeit jedoch, eine jährliche Rente von 20000 Gulden, nämlich an den Grafen von Aspremont 850 Gulden, an den Grafen von Quadt 11000 Gulden, an den Grafen von Wartemberg 8150 Gulden hinaus zu zahlen.

Dem Grafen von Ostein wegen Mylendonk: die Abtei Buxheim (mit Ausschluß des Dorfes Pleß), unter der Verbindlichkeit, eine jährliche Rente von 9000 Gulden, nämlich an den Grafen von Bassenheim 1300 Gulden, an den Grafen von Plettenberg 6000 Gulden, an den Grafen von Goltstein 1700 Gulden hinaus zu bezahlen.

Dem Grafen von Plettenberg wegen Wittem und Eyß: die Hegbachischen Orte Miedingen und Sullmingen samt dem Zehenden in Baldringen, um 500 Jauchert Wald, welche demselben in den an Miedingen zunächst angränzenden Walddistrikten Wolfloch, Laitbühl und Schneckenkau zuzumessen sind; nebst dem: eine jährliche Rente mit 6000 Gulden von Buxheim.

Dem Grafen von Quadt wegen Wickerath und Schwanenberg die Abtei und Stadt Isny und eine jährliche Rente mit 11000 Gulden von Ochsenhausen.

Dem Grafen von Schäsberg wegen Kerpen und Lommersum: das Ochsenhausische Amt Tannheim (mit Ausschluß des Dorfs Winterrieden), unter der Verbindlichkeit einer jährlichen Rente von 2000 Gulden, nämlich an den Grafen von Sinzendorf 1500 Gulden, und an den Grafen von Hallberg 500 Gulden, hinaus zu zahlen.

Dem Grafen von Sinzendorf wegen der Burggrafschaft Rheinek: das vorerwähnte Dorf Winterrieden unter der Benennung einer Burggrafschaft, und eine jährliche Rente mit 1500 Gulden von Tannheim.

Dem Grafen von Sternberg wegen Blankenheim, Junkrath, Geroltsstein und Dollendorf: die Abteien Schussenried und Weissenau, unter der Verbindlichkeit einer jährlichen Rente von 13900 Gulden, nämlich an den Grafen von Wartemberg für Sickingen 5500 Gulden, an den Grafen von Sickingen zu Sickingen 1110 Gulden, an den Grafen von Hallberg 6880 Gulden, an den Grafen von Nesselrod-Reichenstein 260 Gulden, an den Grafen von Goltstein 150 Gulden hinaus zu zahlen.

Dem Grafen von Törring wegen Gronsfeld: die Abtei Guttenzell.

Dem Grafen von Wartemberg wegen Wartemberg: die Abtei Roth, und eine jährliche Rente von 8150 Gulden von Ochsenhausen.

Dem Grafen von Wartemberg für Sickingen wegen Ellerstadt, Aspach und Oranienhof: das Buxheimische Dorf Pleß, und eine jährliche Rente mit 5500 Gulden von Schussenried.

Dem Grafen von Goltstein wegen Schlenacken eine jährliche Rente von 1850 Gulden, nämlich von Buxheim 1700 Gulden, von Schussenried 150 Gulden.

Dem Grafen von Hallberg wegen Fußgehnheim und Ruchheim eine jährliche Rente von 7380 Gulden, nämlich von Schussenried 6880 Gulden, und von Tannheim 500 Gulden.

Dem Grafen von Nesselrod-Reichenstein für Burgfrei und Mechernich: eine jährliche Rente mit 260 Gulden von Schussenried.

Dem Grafen von Sickingen zu Sickingen für das Amt Hoheneinöden: eine jährliche Rente mit 1110 Gulden von Schussenried.

Dieser Vertheilung werden noch folgende allgemeine Bestimmungen beigefügt:

1) Die Stimmrechte derjenigen entschädigten Reichsgrafen, deren Verlust in einem reichsunmittelbaren Gebiete, welches zu Reichs- und Kreisprästanden beigetragen, bestanden, und die zugleich eine Stimme oder Antheil daran auf Reichs- und Kreistagen gehabt haben, nämlich der Grafen von Aspremont, Bassenheim, Metternich, Ostein, Plettenberg, Quadt, Schäsberg, Sinzendorf, Sternberg, Törring und Wartemberg, werden auf ihre neuen Besitzungen radizirt.

2) Die von einem Hauptentschädigungs-Objecte (chef-lieu) getrennten Theile entrichten die Anlagen zu Reichs- und Kreisprästanden in die Hauptkasse, und in dem Verhältnisse wie bisher, und stellen nicht minder die Mannschaft zu dem bisherigen Kontingente: der Besitzer des getrennten Theils hat das Recht,

die Anlags-Quota zu subrepartiren und die Mannschaft auszuheben.

3) Das Abzugsrecht zwischen den Besitzungen des Hauptorts und dem getrennten Theile bleibt in dem bisherigen Zustande.

4) Dem Innhaber eines getrennten Theiles bleiben das daselbst befindliche und dazu gehörige Mobiliarvermögen und Rückstände (arrérages), über welche derselbe mit dem vorigen Besitzer übereinzukommen hat.

An den Aktiv- und Passiv-Kapitalien der Kammeralkasse des Hauptortes hat hingegen derselbe keinen Antheil, weil diese bei Berechnung des Ertrags überhaupt schon berücksichtigt sind.

5) Er ist verbunden, zu der Sustentation der Geistlichkeit des Hauptortes nach Verhältniß des Ertrags des getrennten Theiles zum Ganzen beizutragen.

6) Den in der Vertheilung angewiesenen Renten kommen alle jene Vorzüge und Verfügungen zu statten, welche durch gegenwärtige Urkunde in Ansehung der in ihr enthaltenen Renten bestimmt sind.

7) Der Empfänger einer Rente ist gleichfalls verbunden, zu den Sustentationskosten der Geistlichkeit des Hauptortes, worauf die Rente radizirt ist, beizutragen; jedoch weil er an dem Mobiliarvermögen des Entschädigungsobjektes keinen Theil hat, nur die Hälfte derjenigen Quota, welche sich nach Verhältniß dieser Rente zu dem unter Abzug der Lasten berechneten Ertrag des Entschädigungsobjektes ergibt.

8) Zu einiger Ausgleichung der temporären Lasten, und vorzüglich der nach einem billigen Ueberschlag, in Gemäßheit der §§ 51 und 57 gegenwärtiger Urkunde erwogenen Sustentationskosten der Geistlichkeit in den neun Abteyen, sind die Aktiv-Kapitalien der Karthause Buxheim mit 176000 Gulden nach folgenden Prinzipien zu verwenden:

a) Die Sustentationssumme, welche den dritten Theil des Ertrags einer Abtey nicht übersteigt, wird sowohl durch die Allgemeinheit dieser Last, als durch Ueberlassung des Mobiliarvermögens, als kompensirt betrachtet.

b) Wenn die Sustentationssumme aber den Ertragsdrittheil

übersteigt, so wird der Ueberschuß aus gedachten Kapitalien achtfach vergütet.

c) Der künftige Besitzer von Buxheim hat diese Kapitalien zu verwalten, an die Theilhaber mit 3 1/2 pr. Ct. zu verzinsen und mittelst successiver Aufkündigung in achtjährigen ratis abzuzahlen.

d) Zu Folge dieser Bestimmungen erhalten an gedachten Aktiv-Kapitalien die künftigen Besitzer auf die Abtey Roth 7500 Gulden, auf Weissenau 6450 Gulden, auf Buxheim 20200 Gulden, auf Hegbach 53950 Gulden, auf Baindt 38650 Gulden, und auf Guttenzell 45250 Gulden; der verbleibende Rest mit 4000 Gulden ist als ein gemeinschaftlicher Ueberschuß zu Deckung des etwaigen Verlusts anzusehen.

e) Falls sich ein größerer Verlust ohne Verschuldung der Verwaltung ergäbe, so ist solcher von allen Theilnehmern pro rata zu tragen.

Die Ergänzung der Entschädigung, wo sie statt hat, und in soweit sie nicht durch die nunmehr zu erwartende Aufhebung des Sequesters bewirkt wird, wird übrigens für die erwähnten Grafen und für alle andere sich auf gleichen Titel gründende Reklamanten, auf jene Einkünfte angewiesen, welche noch zu einer weitern Bestimmung übrig bleiben dürften.

§ 25. Der Stuhl zu Mainz wird auf die Domkirche zu Regensburg übertragen. Die Würde eines Churfürsten, Reichserzkanzlers, Metropolitan-Erzbischofs und Primas von Deutschland bleiben auf ewige Zeiten damit vereiniget. Seine Metropolitan-Gerichtsbarkeit erstreckt sich in Zukunft über alle auf der rechten Rheinseite liegenden Theile der ehemaligen geistlichen Provinzen von Mainz, Trier und Kölln, jedoch mit Ausnahme der Königl. Preußischen Staaten; ingleichen über die Salzburgische Provinz, so weit sich dieselbe über die mit Pfalzbaiern vereinigten Länder ausdehnt.

Was das weltliche betrifft; so wird die Ausstattung des Kurfürsten Erzkanzlers zuvörderst auf die Fürstenthümer Aschaffenburg und Regensburg begründet. Jenes begreift das Oberamt Aschaffenburg in seiner gegenwärtigen Vollständigkeit und Ausdehnung; sodann die Aemter Aufenau, Lohr, Orb mit den Salzwerken, Prozelten, Klingenberg auf der rechten Seite des Mains,

und das Würzburgische Amt Aurach im Sinngrunde. Dieses besteht aus dem bisherigen Bisthume Regensburg, samt der Stadt dieses Namens, und alles was davon abhängt, mit den darinn befindlichen mittelbaren und unmittelbaren Stiftern, Abteyen und Klöstern, namentlich: St. Emmeran, Obermünster und Niedermünster; alles nach den dermalen bestehenden Verhältnissen gegen Baiern.

Ferner gehören zu dieser Ausstattung: die Reichsstadt Wetzlar in der Eigenschaft einer Grafschaft, und mit voller Landeshoheit, wie auch alle Stifter, Abteyen und Klöster, die in den benannten Fürstenthümern und der Grafschaft gelegen sind. Auch das Haus Kompostell zu Frankfurt, und alle Proprietäten, Besitzungen und Einkünfte, welche dem Mainzischen Domkapitel außer den, dem Könige von Preußen, den Landgrafen von Hessenkassel und Darmstadt, den Fürsten von Nassau-Usingen und Leiningen angewiesenen Aemtern zugestanden haben, und von denselben genossen worden sind.

Der Ertrag der hier oben benannten Gegenstände ist zu 600050 Gulden angeschlagen.

Die Ergänzung der, dem Kurfürsten Erzkanzler bestimmten Entschädigung von einer Million Gulden wird durch Anweisung auf das § 39 erwähnte Schiffahrts-Octroi bewerkstelligt. Mittlerweile, bis dieses Octroi in Vollzug gesetzt ist, sollen die Zölle der rechten Rheinseite, mit deren Einnahme seit dem ersten Dezember 1802 fortgefahren worden, zur Entrichtung der besagten Entschädigungs-Ergänzung dienen. Der Kurfürst Erzkanzler wird sich deßhalb mit den Fürsten benehmen, im Namen derer diese Zölle eingenommen worden sind. Wenn sich nach Berichtigung der ihm zukommenden Ergänzung hieran noch ein hinreichender Ueberschuß ergibt, so soll derselbe zu verhältnismäßiger Bestreitung der §§ 9, 14, 17, 19 und 20 enthaltenen Anweisungen verwendet werden.

Der Kurfürst Erzkanzler wird fernerhin, nach den Statuten seiner alten Metropolitankirche gewählt werden.

Den Städten Regensburg und Wetzlar wird eine unbedingte Neutralität, selbst in Reichskriegen, zugesichert, indem jene der Sitz des Reichstags, diese des Reichskammergerichts ist.

§ 26. Aus Rücksicht für die Kriegsdienste ihrer Glieder, werden der teutsche und der Maltheser-Orden der Säkularisation nicht unterworfen, und erhalten für ihren Verlust auf der linken Rheinseite zur Vergütung, nämlich: der Fürst Hoch- und Teutschmeister und der teutsche Orden: die mittelbaren Stifter, Abteyen und Klöster im Vorarlberg im Oesterreichischen Schwaben, und überhaupt alle Mediat-Klöster der Augsburger und Konstanzer Diözesen in Schwaben, worüber nicht disponirt worden ist, mit Ausnahme der im Breisgau gelegenen.

Der Fürst Groß-Prior, und das teutsche Groß-Priorat des Maltheser-Ordens: die Grafschaft Bondorf, die Abteyen St. Blasi, St. Trutpert, Schuttern, St. Peter, Tennenbach, und überhaupt alle Stifter, Abteyen und Klöster im Breisgau mit allen auf der rechten Rheinseite gelegenen respektiven Zugehörungen der so eben benannten Objekte, jedoch mit der Obliegenheit, nach einer noch vorzunehmenden Liquidation die persönlichen Schulden der vormaligen Bischöfe von Basel und Lüttich zu bezahlen, welche sie seit der Entfernung von ihren Sitzen gemacht haben.

§ 27. Das Kollegium der Reichsstädte besteht in Zukunft aus den freien und unmittelbaren Städten: Augsburg, Lübeck, Nürnberg, Frankfurt, Bremen und Hamburg.

Sie genießen in dem ganzen Umfange ihrer respektiven Gebiete die volle Landeshoheit und alle Gerichtsbarkeit ohne Ausnahme und Vorbehalt; jedoch der Appellation an die höchsten Reichsgerichte unbeschadet. Sie genießen auch selbst in Reichskriegen einer unbedingten Neutralität. Zu dem Ende sind sie auf immer von allen ordentlichen und außerordentlichen Kriegsbeiträgen befreit, und bey allen Fragen über Krieg und Frieden von allem Antheil an den Reichsberathschlagungen vollkommen, und nothwendigerweise entbunden. Ueberdieß erhalten sie als Entschädigung, Vergütung und Bewilligung, nämlich:

Die Stadt Augsburg: alle geistlichen Güter, Gebäude, Eigenthum und Einkünfte in ihrem Gebiete sowohl in- als außerhalb der Ringmauern, nichts ausgenommen.

Die Stadt Lübeck für die Abtretung der von ihrem Hospital abhängenden Dörfer und Weiler im Mecklenburgischen: denjenigen ganzen Landesbezirk des Bisthums und Domkapitels zu

Lübeck, mit allen und jeden Rechten, Gebäuden, Eigenthum und Einkünften, welcher zwischen der Trave, der Ostsee, dem Himmelsdorfersee, und einer Linie begriffen ist, die von da oberhalb Swartau in einer Entfernung von wenigstens 500 französischen Toisen von der Trave, dem Dänischen Holstein, und dem Hannöverischen, gezogen wird.

Ueber die von der Stadt Lübeck abhängigen einzelnen Stükke, welche außerhalb des eben bezeichneten Bezirks in den Landen des Herzogs von Holstein-Oldenburg eingeschlossen liegen, wird man sich gütlich vereinigen.

Die Stadt Frankfurt für die Abtretung ihres Antheils an den Dörfern Soden und Sulzbach: alle innerhalb ihres Umkreises gelegenen Stifter, Abteyen und Klöster, mit allen ihren innerhalb und außerhalb des Stadtbezirks befindlichen Zugehörungen, namentlich: Mokstadt und alle in gedachter Stadt und ihrem Gebiete begriffene geistliche Güter, Gebäude, Eigenthum und Einkünfte (das Kompostell ausgenommen); unter der Bedingung, eine beständige Rente von 28 000 Gulden dem Grafen von Salm Reiferscheid Dyk, eine von 3600 Gulden dem Grafen von Stadion-Warthausen, und von 2400 Gulden dem Grafen von Stadion-Tannhausen zu bezahlen.

Diese Renten, welche im Ganzen 34 000 Gulden ausmachen, werden in der Folge auf den Ueberschuß des Ertrags von dem § 39 erwähnten Schiffahrts-Octroi übertragen, wenn sich nach Bezahlung jener Renten, welche in gegenwärtiger Urkunde auf diesen Ertrag unmittelbar angewiesen sind, ein hinreichender Ueberschuß ergiebt.

Ueberdieß wird der Frankfurter Handel von allen Geleitsrechten, die von irgend einem Reichsstande ausgeübt, oder angesprochen werden möchten, gänzlich befreit.

Das Gebiet von Bremen begreift den Flecken Veggesack sammt Zugehörungen, das Grolland, den Barkhoff, die Hemlinger Mühle, die Dörfer Hastede, Schwaghausen und Vahr mit Zugehörungen; und alles, was zwischen der Weser, den Flüssen Wümme, und Leesum, den bisherigen Gränzen, und einer von der Sebaldsbrücke über die Hemlinger Mühle, bis an das linke Ufer der Weser gehenden Linie liegt; nebst allen vom Herzogthum und Domkapitel Bremen, und überhaupt von dem Kurfürsten von Braunschweig-Lüneburg in gedachter Stadt, und in dem genannten Gebiete abhängigen Rechten, Gebäuden, Eigenthum und Einkünften.

Um den Bremer Handel und die Schiffahrt auf der Niederweser vor jeder Beschränkung zu schützen, wird der Elsflether Zoll für immer aufgehoben, so daß er unter keinerlei Vorwand und Benennung wieder hergestellt, noch die Schiffe, oder Fahrzeuge, so wie die Waaren, welche sie führen, weder beim Hinauf- noch Hinunterfahren auf gedachtem Flusse unter irgend einem Vorwande an- oder aufgehalten werden dürfen.

Die Stadt Hamburg erhält alle in ihrem Bezirk oder Gebiete gelegenen Rechte, Gebäude, Eigenthum und Einkünfte des Herzogthums, und des Domkapitels Bremen, und des Kurfürsten von Braunschweig-Lüneburg überhaupt.

Die nähere Bestimmung des Gebiets der Stadt Nürnberg wird auf weitere Vergleichshandlungen ausgesetzt.

Gedachte 6 Städte dürfen nur Reichsständen militärische Werbungen in ihren Ringmauern und Gebieten gestatten.

Die Kurfürsten und Fürsten, welchen Reichsstädte als Entschädigung zufallen, werden diese Städte in Bezug auf ihre Munizipalverfassung und Eigenthum auf den Fuß der in jedem der verschiedenen Lande am meisten privilegirten Städte behandeln, so weit es die Landesorganisation und die zum allgemeinen Besten nöthigen Verfügungen gestatten.

Insbesondere bleibt ihnen die freie Ausübung ihrer Religion, und der ruhige Besitz aller ihrer zu kirchlichen und milden Stiftungen gehörigen Güter und Einkünfte gesichert.

§ 28. Die Entschädigungen, welche etwa einzelnen Mitgliedern der Reichsritterschaft gebühren dürften, werden, so wie die Indemnisationsergänzung der Reichsgrafen, im Verhältniß ihrer rechtmäßigen Ansprüche, in so weit sie nicht durch die nunmehr zu erwartende Aufhebung des Sequesters bewirkt werden, in immerwährenden Renten auf jene Einkünfte angewiesen, welche zu einer weitern Bestimmung übrig bleiben dürften.

§ 29. Die Helvetische Republik erhält zur Vergütung ihrer Rechte und Ansprüche auf die von ihren geistlichen Stiftungen abhängigen Besitzungen in Schwaben, über welche durch die vorhergehenden Artikel disponirt worden ist: das Bisthum Chur, hat aber für den Unterhalt des Fürstbischofs, des Capitels, und ihre Diener zu sorgen; sodann die Herrschaft Trasp. Auch steht es ihr frey, mittelst immerwährender dem reinen Ertrage gleichkommender, jedoch nach dem durch die Helvetischen Gesetze bestimmten Fuß einlösbarer Renten, oder durch jede andere mit den Interessenten zu treffende Uebereinkunft, alle und jede Rechte, Zehnden und Domainen, Güter und Einkünfte an sich zu lösen, welche sowohl dem Kaiser, den Fürsten und Ständen des Reichs, als den säcularisirten geistlichen Stiftungen, fremden Herrschaften, und Privatpersonen im ganzen Umfange des Helvetischen Gebiets zustehen.

Jene Säcularisationen, welche besagte Republik innerhalb ihrer Gränzen vornehmen dürfte, gehen ohne Verlust und Nachtheil der im Deutschen Reiche gelegenen Zugehörden ihrer geistlichen Stiftungen vor sich, ausschließlich dessen, worüber anders verfügt worden ist; und ein gleiches wird für die, Deutschen geistlichen Stiftungen zustehenden Zugehörden in Helvetien festgesetzt. Alle und jede Gerichtsbarkeit eines Fürsten, Standes oder Mitgliedes des Deutschen Reichs in dem Bezirke des Helvetischen Territoriums hört künftig auf, gleichwie alle Lehenherrlichkeit und alle bloße Ehrenberechtigung. Das Nämliche hat in Ansehung der Schweizerischen im Umfange des Deutschen Reichs liegenden Besitzungen statt.

§ 30. Alle in den vorhergehenden Artikeln festgesetzten beständigen Renten können jederzeit gegen ein Capital zu 2 1/2 Proct. abgelöst werden; jeder andern, zwischen den interessirten Theilen freiwillig beliebten Uebereinkunft unbeschadet.

Der Termin, auf welchen die gedachten Renten fällig sind, ist auf den 1sten December jedes Jahres festgesetzt.

Die Zahlung geschieht im vier und zwanzig Gulden Fuß, in laufenden harten Silbersorten.

§ 31. Die Churwürde wird dem Erzherzoge Großherzoge ertheilt; deßgleichen dem Markgrafen von Baden, dem Herzoge von Wirtemberg, und dem Landgrafen von Hessen-Cassel, welche in Ansehung des Ranges unter sich, nach den im Fürsten-rathe bestehenden Strophen, alterniren werden, und zu ihrer Einführung die herkömmlichen Förmlichkeiten zu beobachten haben. Nach gänzlicher Erlöschung des Hauses Hessen-Cassel in allen seinen Linien wird die Churwürde auf Hessen-Darmstadt übergehen.

§ **32**. Neue Virilstimmen in dem Reichsfürstenrathe erhalten:

Der Kaiser, als Erzherzog zu Oestreich: für Steiermark eine, für Krain eine, für Kärnten eine, und Tyrol eine.

Der Churfürst von der Pfalz, als Herzog in Bayern: für das Herzogthum Berg eine, für Sulzbach eine, für Niederbayern eine, u. für Mindelheim eine.

Der König von Preußen, als Herzog von Magdeburg: für Erfurt eine, und für das Eichsfeld eine.

Der Churfürst Reichserzkanzler: für das Fürstenthum Aschaffenburg eine.

Der Churfürst von Sachsen, als Marggraf zu Meißen eine, für die Burggrafschaft Meißen eine, und für Querfurt eine.

Ebenderselbe wechselweise mit den Herzogen von Sachsen-Weimar und von Sachsen-Gotha für Thüringen eine.

Der König von England als Herzog von Bremen: für Göttingen eine.

Der Herzog von Braunschweig-Wolfenbüttel: für Blankenburg eine.

Der Marggraf von Baaden: für Bruchsal anstatt Speier, eine, und für Ettenheim anstatt Straßburg, eine.

Der Herzog von Wirtemberg: für Teck eine, für Zwiefalten eine, und für Tübingen eine.

Der König von Dännemark, als Herzog von Holstein: für Plön eine.

Der Landgraf von Hessen-Darmstadt: für das Herzogthum Westphalen eine, und für Starkenburg eine.

Der Landgraf von Hessen-Cassel: für Fritzlar eine, und für Hanau eine.

Der Herzog von Modena: für das Breisgau eine, und für die Ortenau eine.

Der Herzog von Mecklenburg-Strelitz: für Stargard eine.

Der Herzog von Aremberg seine auf diesseitige Lande versetzte Virilstimme.

Der Fürst von Salm-Salm eine eigene Stimme, die vorher mit Salm-Kirburg gemeinschaftlich war.

Der Fürst von Nassau-Usingen eine.

Der Fürst von Nassau Weilburg eine.

Der Fürst von Hohenzollern-Sigmaringen eine.

Der Fürst von Salm-Kirburg eine.

Der Fürst von Fürstenberg: für Baar und Stühlingen eine.

Der Fürst von Schwarzenberg: für Klettgau eine.

Der Fürst von Thurn und Taxis: für Buchau eine.

Der Fürst von Waldeck eine.

Der Fürst von Löwenstein-Werthheim eine.

Der Fürst von Oettingen-Spielberg eine.

Der Fürst von Oettingen-Wallerstein eine.

Der Fürst von Solms-Braunfels eine.

Die Fürsten von Hohenlohe-Neuenstein eine.

Der Fürst von Hohenlohe-Waldenburg-Schillingsfürst eine.

Der Fürst von Hohenlohe-Waldenburg-Bartenstein eine.

Der Fürst von Isenburg-Bierstein eine.

Der Fürst von Kaunitz: für Rittberg eine.

Der Fürst von Reuß-Plauen-Graiz eine.

Der Fürst von Leiningen eine.

Der Fürst von Ligne für Edelstetten eine.

Der Fürst von Loos: für Volbeck eine.

Die Aufrufordnung sowohl der alten als der neuen Stimmen im Reichsfürstenrathe, wird künftig nach der 10ten Strophe folgende seyn:

1. Oestreich
2. Oberbayern
3. Steyermark
4. Magdeburg
5. Salzburg
6. Niederbayern
7. Regensburg
8. Sulzbach
9. Deutschorden
10. Neuburg

11. Bamberg
12. Bremen
13. Markgraf von Meißen
14. Berg
15. Würzburg
16. Kärnthen
17. Eichstädt
18. Sachsen-Coburg
19. Bruchsal
20. Sachsen-Gotha
21. Ettenheim
22. Sachsen-Altenburg
23. Constanz
24. Sachsen-Weimar
25. Augsburg
26. Sachsen-Eisenach
27. Hildesheim
28. Brandenburg-Anspach
29. Paderborn
30. Brandenburg-Bayreuth
31. Freysingen
32. Braunschweig-Wolfenbüttel
33. Thüringen
34. Braunschweig-Zell
35. Passau
36. Braunschweig-Kalenberg
37. Trient
38. Braunschwei-Grubenhagen
39. Brixen
40. Halberstadt
41. Krain
42. Baden-Baden
43. Würtemberg-Teck
44. Baden-Durlach
45. Osnabrück
46. Verden
47. Münster

48. Baden-Hochberg
49. Lübeck
50. Würtemberg
51. Hanau
52. Holstein-Glückstadt
53. Fuld
54. Holstein-Oldenburg
55. Kempten
56. Mecklenburg-Schwerin
57. Ellwangen
58. Mecklenburg-Güstrau
59. Maltheserorden
60. Hessen-Darmstadt
61. Berchtolsgaden
62. Hessen-Cassel
63. Westphalen
64. Vorpommern
65. Holstein-Plön
66. Hinterpommern
67. Breisgau
68. Sachsen-Lauenburg
69. Corvey
70. Minden
71. Burggraf von Meißen
72. Leuchtenberg
73. Anhalt
74. Henneberg
75. Schwerin
76. Kamin
77. Ratzeburg
78. Hirschfeld
79. Tyrol
80. Tübingen
81. Querfurt
82. Aremberg
83. Hohenzollern-Hechingen
84. Fritzlar

85. Lobkowiz
86. Salm-Salm
87. Dietrichstein
88. Nassau-Hadamar
89. Zwiefalten
90. Nassau-Dillenburg
91. Auersberg
92. Starkenburg
93. Ostfriesland
94. Fürstenberg
95. Schwarzenberg
96. Göttingen
97. Mindelheim
98. Lichtenstein
99. Thurn und Taxis
100. Schwarzburg
101. Ortenau
102. Aschaffenburg
103. Eichsfeld
104. Braunschweig-Blankenburg
105. Stargard
106. Erfurt
107. Nassau-Usingen
108. Nassau-Weilburg
109. Hohenzollern-Sigmaringen
110. Salm-Kirburg
111. Fürstenberg-Baar
112. Schwarzenberg-Klettgau
113. Taxis-Buchau
114. Waldeck
115. Löwenstein-Werthheim
116. Oettingen-Spielberg
117. Oettingen-Wallerstein
118. Solms-Braunfels
119. Hohenlohe-Neuenstein
120. Hohenlohe-Waldenburg-Schillingsfürst
121. Hohenlohe-Waldenburg-Bartenstein

122. Isenburg-Bierstein
123. Kaunitz-Rittberg
124. Reuß-Plauen-Graiz
125. Leiningen
126. Ligne
127. Loos
128. Schwäbische Grafen
129. Wetterauische Grafen
130. Fränkische Grafen
131. Westphälische Grafen

1) Das Directorium im Reichsfürstenrathe bleibt, wie es vorher war.

2) Die Alternirungen, welche bisher statt hatten, werden auch künftig beobachtet, und die verschiedenen Häuser sowohl, als die Aeste des nämlichen Hauses haben sie über neue Alternirungen zu vergleichen.

3) Durch den Aufruf der Stimmen wird dem höhern oder gleichen Range der Fürsten unter sich gar nicht präjudicirt, und die Rechte eines jeden bleiben vorbehalten.

4) Die Stimmen der säcularisirten Fürstenthümer bleiben an ihrer alten Stelle, so daß die zwey Bänke (latera) können beybehalten werden, wenn es das fürstliche Collegium rathsam findet.

5) Die Fürsten, welche Stimmen, die auf den ehemals geistlichen zur Entschädigung erhaltenen Landen haften, auszuüben haben, erlangen dadurch kein Recht zu einem höhern Range, als sie vorher hatten.

6) Die Fürsten, welche für ihre verlohrnen Stimmen neue erhalten, behalten den Rang ihrer vorigen Stimmen.

7) In Gemäßheit der hier zum Grunde gelegten 10ten Strophe werden nun auch die 9 übrigen Strophen eingerichtet.

§ 33. Das unbedingte Privilegium de non appellando kömmt allen Churfürsten für alle ihre Besitzungen, desgleichen dem Landgrafen von Hessen-Darmstadt für seine alten und neuen zu statten, und es wird dem Gesammthause Nassau für seine alten und neuen Besitzungen verwilliget werden.

§ 34. Alle Güter der Domcapitel und ihrer Dignitarien werden den Domänen der Bischöfe einverleibt, und gehen mit den

Bisthümern auf die Fürsten über, denen diese angewiesen sind. In den zwischen mehrere vertheilten Bisthümern werden die, in den einzelnen Theilen befindlichen Güter dieser Art mit denselben vereiniget.

§ 35. Alle Güter der fundirten Stifter, Abteyen und Klöster, in den alten sowohl, als in den neuen Besitzungen, katholischer sowohl, als A. C. verwandten, mittelbarer sowohl, als unmittelbarer, deren Verwendung in den vorhergehenden Anordnungen nicht förmlich festgesetzt worden ist, werden der freyen und vollen Disposition der respectiven Landesherrn, sowohl zum Behuf des Aufwandes für Gottesdienst, Unterrichts- und andere gemeinnützige Anstalten, als zur Erleichterung ihrer Finanzen überlassen, unter dem bestimmten Vorbehalte der festen und bleibenden Ausstattung der Domkirchen, welche werden beybehalten werden, und der Pensionen für die aufgehobene Geistlichkeit, nach den unten theils wirklich bemerkten, theils noch unverzüglich zu treffenden näheren Bestimmungen.

§ 36. Die namentlich und förmlich zur Entschädigung angewiesenen Stifter, Abteyen und Klöster, so wie die der Disposition der Landesherrn überlassenen, gehen überhaupt an ihre neuen Besitzer mit allen Gütern, Rechten, Capitalien und Einkünften, wo sie auch immer gelegen sind, über, sofern oben nicht ausdrückliche Trennungen festgesetzt worden sind.

§ 37. Die auf der einen Rheinseite befindlichen Güter und Einkünfte, welche Spitälern, Fabriken, Universitäten, Collegien und andern frommen Stiftungen, wie auch Gemeinden der andern Rheinseite gehörten, bleiben davon getrennt, und der Disposition der respectiven Regierungen überlassen, d.h. so viel die rechte Rheinseite betrifft, der Regierung derjenigen Orte, wo sie liegen, oder erhoben werden. Jedoch sollen die Güter und Einkünfte solcher litterarischen Anstalten, die ehemals beyden Rheinseiten gemeinschaftlich waren, und dermalen auf dem rechten Rheinufer fortgesetzt werden, diesen auf der rechten Rheinseite fortdauernden Anstalten verbleiben, insofern sie nicht in Gebieten entschädigter Fürsten liegen.

§ 38. Die für ihre Besitzungen jenseits des Rheins entschädigten Reichsstände haben ihre sowohl bloß persönlichen, als die von erwähnten Besitzungen herrührenden Schulden auf ihre zur Entschädigung erhaltenen Domänen und Renten zu übernehmen, und von denselben zu tilgen; doch vorbehaltlich der in dem Lüneviller Frieden, und in den, von dem französischen Gouvernement mit einzelnen Reichsständen geschlossenen besondern Verträgen, enthaltenen Bestimmungen.

§ 39. Alle sowohl auf dem rechten als linken Ufer erhobenen Rheinzölle sollen aufgehoben seyn, ohne unter irgend einer Benennung wieder hergestellt werden zu können; jedoch mit Vorbehalt der Eingangsgebühren (droits de douane), und eines Schiffahrtsoctroi, welches nach folgenden Grundlagen genehmiget wird.

Da der Rhein von den Gränzen der batavischen Republik an bis zu den Gränzen der helvetischen Republik ein zwischen der französischen Republik und dem Deutschen Reiche gemeinschaftlicher Strom geworden ist, so geschieht die Errichtung sowohl, als die Anordnung und Erhebung des Schiffahrtsoctroi gemeinschaftlich von Frankreich und dem Deutschen Reiche.

Das Reich überträgt, mit Einwilligung des Kaisers, alle seine deßfallsigen Rechte völlig und gänzlich dem Churfürsten Erzkanzler, welcher die Vollmacht des Deutschen Reichs hat, mit der Französischen Regierung alle allgemeine und besondere Anordnungen in Beziehung auf das Schiffahrtsoctroi abzuschließen; diese Anordnungen werden durch den Churfürsten Erzkanzler zur Genehmigung des Churfürstl. Collegiums und zur Kenntniß des unter seinem Oberhaupte versammelten Reichs gebracht.

Die Taxe wird dergestalt ausgemittelt, daß sie den Betrag der aufgehobenen Zölle nicht übersteigt. Es wird eine höhere Taxe von der Schiffahrt der Fremden, und von den Schiffen, welche den Rhein heraufgehen, entrichtet, als von der Schiffahrt der Französischen oder Deutschen Uferbewohner, und von den Schiffen, welche den Rhein hinabgehen.

Die Erhebung derselben wird einer einzigen Behörde anvertraut, und die Erhebungsart so eingerichtet, daß die Schiffahrt so wenig als möglich dabey aufgehalten wird.

Der General-Director des Octroi wird gemeinschaftlich von der Franz. Regierung und dem Churfürsten Erzkanzler ernannt, welche wechselseitig einen Controlleur bey jedem Erhebungs-Büreau halten. Die Einnehmer auf dem rechten Ufer werden von dem Churfürsten Erzkanzler mit Einverständniß der Landesfürsten ernannt. Nichts desto weniger bleiben diese Administrations- und Erhebungsgrundsätze noch dem weitern Uebereinkommen unterworfen, welches über die endliche Einrichtung des Schiffahrtsoctroi selbst zwischen dem Französischen Gouvernement und dem Churfürsten Reichserzkanzler statt haben wird.

Es werden nicht weniger als 5 und nicht mehr als 15 Erhebungs-Bureaux errichtet. Diese Bureaux sind nur in Dienstsachen, außerdem aber keineswegs von der Gerichtsbarkeit der Landesherrn ausgenommen. Sie werden hingegen bedürfenden Falls allen Beystand von Seiten der Landesherren erhalten.
Der Ertrag des Octroi im Ganzen hat fordersamst die Kosten der Erhebung, der Verwaltung und der Polizey zu bestreiten.

Der Ueberschuß wird in zwey gleiche Theile getheilt, deren jeder vorzüglich zur Unterhaltung der Leinpfade und der zur Schiffahrt erforderlichen Arbeiten auf jedem der respectiven Ufer bestimmt ist.

Der reine Rest der zum rechten Rheinufer gehörigen Hälfte wird

1) zur Ergänzung der Dotation des Churfürsten Erzkanzlers, dann für die übrigen in den §§ 9, 14, 17, 19 und 20 gegebenen Anweisungen;

2) zur Bezahlung der in den §§ 7 und 27 subsidiarisch und bedingnißweise angewiesenen Renten verhypothecirt.

Falls sich ein jährlicher Ueberschuß von Einkünften ergäbe, so wird er zur stufenweisen Ablösung der Lasten dienen, mit welchen das Schiffahrtsoctroi-Recht beleget ist.

Der Churfürst Erzkanzler wird sich jährlich mit der Französischen Regierung und den an das Ufer gränzenden Landesfürsten der rechten Rheinseite über die Unterhaltung der Leinpfade, und die zur Schiffahrt erforderlichen Arbeiten in der Ausdehnung der respectiven Rheingränzen benehmen.

§ 40. Alle am rechten Rheinufer gelegenen, von den, ehemals auf dem linken Ufer bestandenen Lehenhöfen abhängende Lehen, gehen in Zukunft unmittelbar von Kaiser und Reich zu Lehen, wenn die Landeshoheit darauf haftet mit reichsständischer Eigenschaft, im Gegenfall aber von dem Landesherrn, in dessen Staaten sie eingeschlossen sind. Nur die Mainzer Lehen, welche Landeshoheit haben, sollen von Aschaffenburg zu Lehen rühren. Den neuen Lehenherren bleibt überlassen, ob sie sich bis zu einem künftigen Lehensfalle einstweilen mit einer bloßen Muthung von den neuen Vasallen begnügen, oder aber auf der wirklichen Lehens-Empfängniß bestehen wollen; jedoch sind im letzteren Falle die Vasallen dießmal mit Taxen und andern Lehensgebühren zu verschonen.

§ **41**. Da die Stimmen der unmittelbaren Reichsgrafen hieroben § 24 auf die diesseitigen Entschädigungsgebiete übertragen worden sind, so bleibt nur noch die Ausübungsart dieser Stimmen und andrer damit verbundener Prärogativen einer nähern Regulirung vorbehalten.

Wie die geistlichen Stimmen künftig geführt werden, ist ebenfalls hieroben § 32 versehen.

§ **42**. Die Säcularisation der geschlossenen Frauenklöster kann nur im Einverständniß mit dem Diöcesan-Bischofe geschehen. Die Mannsklöster hingegen sind der Verfügung der Landesherren oder neuen Besitzer unterworfen, welche sie nach freyem Belieben aufheben oder beybehalten können. Beyderley Gattungen können nur mit Einwilligung des Landesherrn oder neuen Besitzers Novizen aufnehmen.

§ **43**. Der Genuß der zur Entschädigung angewiesenen Güter nimmt für die entschädigten Fürsten und Stände, welche nicht im Falle gewesen seyn möchten, vor den Declarationen der vermittelnden Mächte Civilbesitz zu ergreifen, mit dem 1sten December 1802 seinen Anfang. Der Civilbesitz selbst geht für alle 8 Tage vor jenem Termine an.

Die Rückstände der unter der Disposition der Nutznießer gestandenen Fonds bis zum Zeitpuncte des neuen Genusses, gehören den alten Besitzern, ohne jedoch hiedurch anderen Verabredungen zwischen den interessirten Theilen vorzugreifen.

§ **44**. Alle seit dem 24sten August 1802 in den Entschädigungslanden und Gebieten vorgenommenen Veräußerungen, welche nicht als Folgen der gewöhnlichen Verwaltung anzusehen sind, werden hiemit für ungültig erklärt.

§ 45. Obige Verfügungen vernichten alle Ansprüche auf die durch den Frieden von Lüneville an die Französische Republik abgetretenen Länder; jedoch verstehet sich von selbsten, daß Familien-Successionsrechte von jenseits Rheinischen und ausgetauschten Besitzungen auf die Entschädigungs- und eingetauschten Objecte als Surrogate übergehen. Ferner sind diejenigen Ansprüche als vernichtet zu betrachten, welche an die für auf der linken Rheinseite verlohrne Besitzungen, auf der rechten Rheinseite gegebene Entschädigungslande gemacht werden könnten, sofern sie nicht innerhalb eines Jahrs vom 1sten December 1802 an zu rechnen, vorgebracht, und gütlich, oder gerichtlich erledigt seyn werden. Sollte aber im Mangel gerichtlicher Entscheidung oder in Verweigerung eines billigen Vergleichs der Grund liegen, warum ein wirklich vorgebrachter Anspruch nicht in dem Lauf des gedachten Jahrs erlediget worden ist; so wird derselbe innerhalb eines zweyten Jahrs durch Austrägal-Richter ohne Appellation entschieden werden.

Da der Churfürst Erzkanzler ex jure novo dotirt wird, so muß, um diese Ausstattung zu sichern, der etwa aus einem Anspruche gegen denselben herrührende Revenuenverlust durch Verleihung heimfallender Kaiserlicher und Reichslehen vergütet werden.

§ 46. Alle Tauschverträge, Länder-Purificationen, und andere Vergleiche aller Art, welche von den Fürsten, Ständen und Gliedern des Reichs unter sich innerhalb eines Jahrs geschlossen werden, sollen ebensowohl volle Kraft haben, und vollzogen werden, als wenn sie gegenwärtigem Hauptschlusse wörtlich einverleibt wären.

§ 47. In Ansehung der Verhältnisse der aus dem Besitz tretenden Regenten und Besitzer, auch der davon abhangenden Geistlichkeit, so wie ihrer bisherigen Dienerschaft in dem Hof-, Civil- und Militärfache, und in Ansehung der besondern Verbindlichkeiten der entschädigten Fürsten und Stände, welche sich auf den anständigen Unterhalt der gedachten Regenten und übrigen Individuen, auf die Verfassungen der Lande, und die

Uebernehmung der Schulden, auch insbesondere auf die Entrichtung der Kammerzieler beziehen, und welche mit dem Eintritt in den wirklichen Genuß der Entschädigungsländer und Gebiete ihren Anfang nehmen, soll es nach den in den folgenden §§ enthaltenen Vorschriften gehalten werden.

§ 48. Allen abtretenden Regenten bleibt ihre persönliche Würde mit dem davon abhangenden Range, und dem Fortgenusse ihrer persönlichen Unmittelbarkeit.

§ 49. Die Herren Fürstbischöfe und gefürsteten Aebte oder Pröbste behalten zugleich die Gerichtsbarkeit über ihre Dienerschaft dergestalt, daß sie in bürgerlichen Rechtssachen, mit jedesmaligem Vorwissen der obern Landesbehörde für solche Sachen in erster Instanz das Landesgericht, wo solche zu verhandeln, zu wählen, in peinlichen Fällen aber die erste Cognition zu nehmen haben, wo sodann die gedachten bürgerlichen Sachen in weiterer Instanz an die landesherrlichen Appellationsgerichte zu bringen sind: in peinlichen Fällen hingegen, wenn sich die Peinlichkeit ergiebt, der Verbrecher an die peinlichen Gerichte des Landes auszuliefern ist. Uebrigens haben sich sämmtliche Diener eines solchen Fürsten den bestehenden und ergehenden landesherrlichen Gesetzen und sonderlich den Polizeianordnungen, zu fügen.

§ 50. Den sämmtlichen abtretenden geistlichen Regenten ist nach ihren verschiedenen Graden auf lebenslang eine ihrem Range und Stande angemessene freie Wohnung mit Meublement und Tafel-Service, auch den Fürstbischöfen und Fürstäbten des ersten Ranges ein Sommeraufenthalt anzuweisen; wobey sich von selbst versteht, daß dasjenige, was ihnen an Meublen eigenthümlich zugehört, ihnen gänzlich überlassen bleibe, das aber, was dem Staate zugehört, nach ihrem Tode diesem zurückfalle.

§ 51. Die Sustentation der geistlichen Regenten, deren Lande ganz oder doch größtentheils mit den Residenzstädten an weltliche Regenten übergehen, kann, da ihr Einkommen sehr verschieden ist, nur nach Verhältniß desselben regulirt, mithin allenthalben nur ein minimum und ein maximum bestimmt werden.

In dieser Hinsicht wird

a) Für Fürstbischöfe das minimum auf 20000 und das maximum auf 60000 Gulden;

Für den Herrn Bischof zu Wirzburg, als Coadjutor zu Bamberg, noch weiter die Hälfte dieses Maximums;

b) Für Fürstäbte und Pröbste des ersten Ranges das minimum der Fürstbischöfe; für alle andern Fürstäbte das minimum auf 6000, das maximum auf 12000; für gefürstete Aebtissinnen aber das minimum auf 3000, das maximum auf 6000 Gulden;

c) Für Reichsprälaten und Aebtissinnen, auch

d) unmittelbare Aebte das minimum auf 2000, das maximum auf 8000 Gulden bestimmt. Bey allen diesen Bestimmungen wird jedoch der Großmuth der künftigen Landesherren kein Ziel gesetzt; vielmehr bleibt jedem, was er durch besondere Verhältnisse und Rücksichten weiter zu bewilligen sich veranlaßt findet, unbenommen. Wie nun hiernach die Regulirung zur Zufriedenheit der abtretenden Regenten wirklich geschehen sey, oder bey aufzuhebenden Prälaturen künftig gemacht werden wolle, darüber gewärtiget die Reichsdeputation von den neuen weltlichen Regenten spätestens binnen vier Wochen eine verlässige Anzeige, damit alsdann, falls wider Vermuthen ein und anderer Bestimmung wegen, bey der Anwendung obiger Regeln ein Anstand sich noch äußern sollte, die Deputation darüber erkennen möge.

§ 52. Die Weihbischöfe, in so ferne sie Präbenden haben, die Domcapitularen, Dignitarien, auch Canonici der Ritterstifter, auch adelige Stiftsdamen behalten den lebenslänglichen Genuß ihrer Capitelwohnungen; ihnen, oder ihren Erben sind die auf den Ankauf oder Optirung ihrer Häuser gemachten Auslagen, falls der Landesherr solche nach ihrem Tode an sich ziehen will, zu vergüten; auch außer dem an Orten, wo sie ein Privateigenthum ihrer Wohnung hergebracht haben, wird ihnen dieses vorbehalten.

§ 53. Zu ihrer Sustentation aber sind den Domcapitularen, Dignitarien und Canonicis der Ritterstifter neun Zehntel ihrer ganzen bisherigen Einkünfte, und zwar jedem einzelnen, was er bisher genossen hat, zu belassen. Auf gleiche Weise sind die Vicarien bey ihren Wohnungen, und da sie meist gering stehen, bey ihrem ganzen bisherigen Einkommen, bis sie etwa auf andere geistliche Stellen versorgt werden, zu belassen, wogegen sie ihren Kirchendienst einstweilen fort zu versehen haben.

Die Domizellaren da, wo sie wirklich schon einigen Genuß ihrer Präbenden bezogen haben, werden in der Quote ihrer Sustentation den Capitularen gleich gehalten, und rücken hiernächst, falls sich der Landesherr nicht in ander Weg mit ihnen abfindet, in die vacirend werdenden Capitelspfründen.

§ **54**. Capitularen und Domicellaren der Dom-, Ritter- und Mediatstifter, welche nach den verschiedenen Statuten der Stifter entweder erst nach dem Ablaufe der Carenzjahre, oder nach eintretenden andern Verhältnissen zum Genusse kommen, sobald sie nur in dem wirklichen Besitze ihrer Präbenden sind, haben ganz gleiche Rechte als diejenigen, welche sich wirklich schon im Genuß ihrer Präbenden befinden.

§ **55**. Die Stiftsfrauen und Fräulein bleiben in so lange bey ihrem bisherigen Genusse, als es dem neuen Landesherrn nicht räthlicher scheint, sie gegen eine, zu ihrer Zufriedenheit zu regulirende Abfindung aufzuheben.

§ **56**. Für die kapitularischen geist- und weltlichen Dienerschaften gelten die nämlichen Dispositionen, welche hiernach wegen der eignen fürstlichen Dienerschaften folgen.

§ **57**. Die Conventualen fürstlicher, auch Reichs- und unmittelbarer Abteien sind auf eine ihrer bisherigen Lebensweise angemessne anständige Art in ein oder der andern Communität ferner zu unterhalten, oder denen, welche mit landesherrlicher Verwilligung austreten, bis zu anderweiter Versorgung eine Pension von 300 bis 600 Gulden nach dem Vermögen ihrer Stiftung zu verabreichen. Für die Laienbrüder ist auf ähnliche Art zu sorgen; Novizen, welche durch Gelübde noch nicht gebunden, können von den Landesherren mit einer dreyjährigen verhältnißmäßigen Pension entlassen werden.

§ **58**. Kaiserliche Precisten, welche ihre Preces den Stiftern bereits präsentirt, und den schon eingetretenen Einrückungsfall nicht etwa haben vorbeigehen lassen, erhalten bey den künftigen Erledigungsfällen eine verhältnißmäßige Pension; und eben dieses gilt auch von denjenigen Panisten, welche auf ihre Laienpfründen ein schon erworbenes anerkanntes Recht haben.

§ 59. In Ansehung der sämmtlichen bisherigen geistlichen Regenten, auch Reichsstädte und unmittelbaren Körperschaften, Hof-, geistlichen und weltlichen Dienerschaft, Militär und Pensionisten, in so ferne der abgehende Regent solche nicht in seinem persönlichen Dienste behält, so wie der Kreisdiener, da wo mit den Kreisen eine Veränderung vorgehen sollte, wird diesen allen der unabgekürzte lebenslängliche Fortgenuß ihres bisherigen Rangs, ganzen Gehalts, und rechtmäßiger Emolumente, oder wo diese wegfallen, eine dafür zu regulirende Vergütung unter der Bedingniß gelassen, daß sie sich dafür nach Gutfinden des neuen Landesherrn, und nach Maasgabe ihrer Talente und Kenntnisse auch an einem andern Orte, und in andern Dienstverhältnissen gebrauchen und anstellen lassen müssen; jedoch ist solchen Dienern, welche in einer Provinz ansäßig sind, und in eine andere gegen ihren Willen übersetzt werden sollen, freyzustellen, ob sie nicht lieber in Pension gesetzt werden wollen. In diesem letztern Falle ist einem 15jährigen Diener sein voller Gehalt mit Emolumenten, einem 10jährigen zwei Dritttheile, und denen, die noch nicht volle 10 Jahre dienten, die Hälfte als Pension zu belassen. Den wirklichen Pensionisten sind, falls nicht etwa neuerlich hie und da Mißbräuche untergelaufen wären, ihre Pensionen fort zu bezahlen.

Sollte der neue Landesherr einen oder den andern Diener gar nicht in Diensten zu behalten gedenken, so verbleibt demselben seine genossene Besoldung lebenslänglich. Sollten hingegen seit dem 24sten August 1802 neue Pensionen oder Besoldungserhöhungen verwilligt, oder ganz neue Besoldungen gemacht worden seyn, so bleibt es billig dem neuen Landesherrn überlassen, ob er solche Verwilligungen den Grundsätzen der Billigkeit, und einer guten Staatsverwaltung angemessen findet.

§ 60. Die dermalige politische Verfassung der zu säcularisirenden Lande, in so weit solche auf gültigen Verträgen zwischen dem Regenten und dem Lande, auch andern reichsgesetzlichen Normen ruht, soll ungestört erhalten, jedoch in demjenigen, was zur Civil- und Militäradministration, und deren Verbesserung und Vereinfachung gehört, dem neuen Landesherrn freye Hand gelassen werden.

§ **61**. Die Regalien, bischöfliche Domainen, domkapitelische Besitzungen und Einkünfte fallen dem neuen Landesherrn zu.

§ **62**. Die erz- und bischöflichen Diöcesen aber verbleiben in ihrem bisherigen Zustande, bis eine andere Diöcesan-Einrichtung auf reichsgesetzliche Art getroffen seyn wird, wovon dann auch die Einrichtung der künftigen Domcapitel abhängt.

§ **63**. Die bisherige Religionsübung eines jeden Landes soll gegen Aufhebung und Kränkung aller Art geschützt seyn; insbesondere jeder Religion der Besitz und ungestörte Genuß ihres eigenthümlichen Kirchenguts, auch Schulfonds, nach der Vorschrift des Westphälischen Friedens ungestört verbleiben; dem Landesherrn steht jedoch frey, andere Religionsverwandte zu dulden, und ihnen den vollen Genuß bürgerlicher Rechte zu gestatten.

§ **64**. Mit den Mediatstiftern, Abteyen und Klöstern in den zu säcularisirenden Landen ist es ganz auf den nämlichen Fuß, wie hier oben von den unmittelbaren angeordnet worden, zu halten. Es behalten nämlich die Canonici der Mediatstifter, welche aufgehoben werden, nebst ihren Wohnungen neun Zehentheile ihres bisherigen Einkommens, die Vicarien aber das Ganze, die Domizellaren neun Zehentheile dessen, was sie etwa wirklich bisher schon bezogen haben, und rücken den Capitularen nach. Solche Canonici jedoch, die überhaupt keine 800 Gulden beziehen, sind, wie die Vicarien bey ihrem ganzen Einkommen zu belassen. Aebte, deren Unmittelbarkeit bisher streitig, oder welche unstreitig mittelbar gewesen sind, erhalten verhältnißmäßig nach dem Vermögen ihrer Abtey 2000 bis 8000 Gulden Pension. Ihre und andere Klosterconventualen 300 bis 600 Gulden. Mit den Laienbrüdern und Novizen wird es auf gleiche Art, wie von denselben hieoben bey unmittelbaren Stiftern erwähnt worden, gehalten. Von den Dienerschaften aller solcher Corporationen gilt alles das Nämliche, was schon überhaupt wegen der Dienerschaften festgesetzt worden.

§ **65**. Fromme und milde Stiftungen sind wie jedes Privateigenthum zu conserviren, doch so, daß sie der landesherrlichen Aufsicht und Leitung untergeben bleiben.

§ **66**. Um nun auch den Unterhalt dieser großen Menge höherer, und anderer unschuldiger Personen auf möglichste Art sicher zu stellen, haben die neuen Landesherren alle solche Sustentationsgelder auf ihre nächsten Recepturen anzuweisen, und als solche, welche das privilegirteste Unterpfand auf die Landeseinkünfte haben, jederzeit vierteljährig in guten Münzsorten nach dem 24 Gulden Fuß unverzüglich abführen zu lassen, daher auch ihren Gerichten keine Arrestsanlegungen auf diese Alimentationsgelder zu gestatten.

§ **67**. Die Kreisdirectorien haben über den Vollzug alles dessen zu halten, und [auf] das erste Anrufen der Pensionisten, ohne Gestattung eines Termins oder einer Einrede sogleich gegen die Zahlungsbehörde, welche sich mit der Quitung über die geschehene Zahlung nicht ausweisen kann, die bereiteste Execution zu erkennen und zu vollziehen; bey eintretender weiterer Zahlungsgefahr aber die Revenüen, so weit sie zu diesem Zwecke nöthig, in unmittelbare Administration zu nehmen.

§ **68**. Bey denjenigen geistlichen Ländern, welche nicht ganz oder größtentheils mit ihren Residenzen an einen weltlichen Herrn kommen, sondern unter mehrere vertheilt werden, gleichwohl aber ihre Residenzen und meisten Lande diesseits Rheins haben, sind sowohl in Ansehung der standesmäßigen Unterhaltung der unter der gegenwärtigen Veränderung leidenden Personen, als wegen der Sicherstellung der Dienerschaften des Landes, auch kirchlichen, religiösen Verfassung, und dergleichen, alle diejenigen Grundsätze in Anwendung zu bringen, welche hier oben schon festgesetzt worden. Nur erfordert die Vertheilung der Sustentationssumme, und der Fonds, worauf solche gegründet werden, in diesen Landen nothwendig nähere Bestimmung. Diesemnach fallen die auf einzelnen Theilen insbesondere ruhenden Lasten, z.B. die Unterhaltung eines mittelbaren Klosters, die Uebernahme der Beamten und Diener eines einzelnen Amtes, und dergleichen mehr, denjenigen neuen Herren allein zur Last, die solche erhalten, sonderlich kann die Erhaltung des domkapitlischen Personals, und der Individuen aller geistlich- und weltlichen Corporationen, die ihre eignen Fonds gehabt haben, bey einem vertheilten geistlichen Lande nicht in die ganze Masse geworfen werden, sondern nur denjenigen, welche die Gefälle und Güter solcher Domcapitel und Corporationen bekommen, zufallen, und unter diesen verhältnißmäßig vertheilt werden.

Zur Vertheilung unter sämmtliche neue Theilhaber eines solchen Landes bleiben also nur die auf das Ganze sich beziehenden Lasten übrig, wohin denn vorzüglich die Sustentationssumme des von der Regierung abtretenden geistlichen Landesherren gehört. Sämmtliche Theilhaber haben sich hierüber alsbald unter sich zu verstehen; sollte jedoch deßfalls keine gütliche Uebereinkunft binnen vier Wochen zu Stande kommen, so haben die Kreisausschreib-Aemter, und in dem Chur- und Oberrheinischen Kreise, wo der Fall der Theilung vorzüglich eintritt, Churmainz und Hessen-Cassel gemeinsam diese Gegenstände zu erörtern, und die erforderlichen Bestimmungen zu treffen.

§ 69. Bey denjenigen Landen, wo die geistlichen Regenten ihre Residenzstädte auf der linken Rheinseite mit den dortigen Landen verlohren, doch auch noch beträchtliche Besitzungen diesseits Rheins behalten haben, kommen vorzüglich Se. Churfürstl. Durchlaucht zu Trier, als Churfürst des Reichs, auch Dero Domcapitel und Dienerschaften in Betrachtung. Da die übrigen diesseits Rheinischen Churfürstlichen Lande und ihre Einkünfte bey weitem nicht hinreichen, alle diese Sustentationen zu bestreiten, zumal dem Domcapitel zu Trier auf dieser Seite kein eigener Fonds geblieben, so wird der Unterhalt Sr. Churf. Durchl. auf 100000 Gulden bestimmt. Das Churfürstliche Collegium, einschlüssig der neu einzuführenden Herren Churfürsten, ist ersucht, diese Summe zu übernehmen, dem Herrn Churfürsten von Trier solche jährlich in zu bestimmenden Terminen zu entrichten, und zur Berichtigung dieses Gegenstandes einen eigenen Schluß in dem Churfürstlichen Collegium zu fassen; dann wird festgesetzt, daß die Stadt Augsburg dem Herrn Churfürsten von Trier ihr bischöfliches Schloß, und die für ihre Dienerschaft nöthigen Gebäude in ihrem gegenwärtigen meublirten Zustande nebst den bisher gehabten Immunitäten, in ihrem ganzen Umfange lebenslänglich ungestört zu belassen habe.

§ 70. Die neuen Besitzer der Reste der Churtrierischen Lande haben, da sie mit diesem Unterhalte ganz verschont bleiben, einen verhältnißmäßig größern Antheil des Trierischen Domcapitels, und der Trierischen Dienerschaft zu übernehmen; die billige Ermäßigung und Bestimmungen dieses Pensionen-Antheils wird Churmainz und Hessen-Cassel aufgetragen.

§ 71. Die Bestimmung der Unterhaltung des Domcapitels zu Cölln ist eben so, wie jene des Domcapitels zu Trier nicht blos nach den diesseitigen Besitzungen und Einkünften des Domcapitels selbst abzumessen, sondern auch darauf Rücksicht zu nehmen, daß die neuen Besitzer aus den Einkünften der ihnen zufallenden Lande keinen Regenten zu erhalten haben. Es haben daher die vorbenannten Commissarien unter diesen Rücksichten auch dem Domcapitel zu Cölln den billigmäßigen Unterhalt auszumitteln.

§ 72. Auf alle übrige, zu den Landen letztgedachter Art gehörige geistliche Regenten, Domcapitel, Dienerschaften, Mediatstifter, Klöster, Stiftungen, geist- und weltliche Körperschaften, Landes- und kirchliche Verfassungen ist zwar alles dasjenige ebenfalls anwendbar, was in Ansehung solcher geistlicher Lande, welche ganz, oder doch größtentheils mit den Residenzstädten der bisherigen geistlichen Regenten an einen weltlichen Regenten übergehen, oder welche nicht ganz oder größtentheils mit ihren Residenzen an einen weltlichen Herrn kommen, sondern unter mehrere vertheilt werden, gleichwohl aber ihre Residenzen und meisten Lande diesseits Rheins haben, festgesetzt worden; es versteht sich jedoch von selbst, daß der Unterhalt aller zu dieser Classe gehörigen Personen, in so ferne ihre Fonds nicht ganz auf dieser rechten Rheinseite liegen, nicht so beträchtlich, als bey den eben benannten ausfallen könne, sondern daß solcher vorzüglich nach den ihnen auf dieser Seite noch zustehenden Einkünften zu bemessen sey. Es kann daher auch bey solchen Domcapiteln und Stiftern der Unterhalt nicht durchgängig auf neun Zehntel ihrer vormaligen Einkünfte festgesetzt werden.

§ 73. Die Dienerschaften, welche nicht local und in den diesseitigen Aemtern angestellt sind, können nur nach dem Verhältnisse, worin die diesseits Rheinischen Reste der Lande zum ganzen Lande stehen, von den neuen Besitzern einige Unterstützung gewärtigen, es sey dann, daß solche, wie in Specie die diesseits angestellte Churcöllnische Dienerschaft, auf die rechte Rheinseite zur Administration der diesseitigen Lande von ihrem Landesherrn ausdrücklich beordert worden, in welchem Falle ihnen ihre ganzen Gehalte ohne Anstand fortzubezahlen sind.

§ 74. Ueberhaupt ist diese Fürsorge nur auf diejenigen Capitularen und Diener einzuschränken, welche ihren Regenten auf die rechte Rheinseite gefolgt, und auch inzwischen ihren Wohnsitz nicht jenseits aufgeschlagen haben, welcher Grundsatz allgemein anzuwenden ist. Es sind jedoch diejenigen Domherrn, welche jenseits bey ihren Domkirchen geblieben sind, den herübergegangenen gleich zu halten, falls sie sich künftig diesseits niederlassen werden.

§ 75. Für diejenigen geistlichen Regenten mit ihren Domcapiteln und Dienerschaften, denen auf dieser Rheinseite, wie z.B. dem Herrn Fürstbischofe zu Basel sehr wenig an Landen und Einkünften übrig bleibt, oder welche jenseits, wie z.B. der Herr Fürstbischof zu Lüttich alles verlohren haben, ist nöthig einen besonderen Fond zu bestimmen, woraus ihr billiger Unterhalt hergenommen wird. Diesemnach wird die Sustentation des Herrn Fürstbischofs von Lüttich, dessen Lage einzig ist, auf 20000 Gulden festgesetzt. Diejenigen Fürstbischöfe, die im Besitze zweyer oder mehrerer Bisthümer waren, geben zu Aufbringung dieser Summe den 10ten Theil der Pension eines ihrer Bisthümer ab; eben so werden sie für den Herrn Fürstbischof von Basel den 20ten Theil der Revenüen eines ihrer Bisthümer abgeben, um für ihn die Hälfte des Minimums, nämlich 10000 Gulden aufzubringen, indem ihm nur einige Parcelen seines Landes auf dem rechten Rheinufer geblieben sind. Im Falle nun einer der Fürstbischöfe, die ein Zehntel und Zwanzigstel eines ihrer Deputats an die Fürstbischöfe von Lüttich und Basel abgeben, früher als obengedachte Fürst-Bischöfe versterben würde, so behält der Landesherr, dem eine solche Pension zurückfällt, die Verbindlichkeit, das Zehntel und Zwanzigstel an gedachte Herrn Fürstbischöfe von Basel und Lüttich fort zu entrichten. Ferner werden die beyden Herrn Fürstbischöfe von Basel und Lüttich zu den ersten offen werdenden bischöfl. Sitzen empfohlen, jedoch bleibt es der Willkühr der beyden gedachten Herrn Fürsten überlassen, Bisthümer zu übernehmen oder nicht, ohne in einem oder dem andern Falle ihre ohnehin auf das Minimum gesetzte Sustentationsgelder an den Einkünften des Bisthums aufgerechnet zu erhalten.

Die beyden bemerkten Summen von 20000 und 10000 Gulden werden nach folgender Austheilung von den Fürstbischöfen entrichtet.

Der Herr Churfürst von Trier geben von ihrer Pension von 60000 Gulden als Bischof von Augsburg an den Bischof von Basel 3000, an jenen von Lüttich 6000 Gulden, ferner als Probst von Ellwangen von der Pension von 20000 Gulden an Basel 1000, an Lüttich 2000 Gulden. Der Herr Bischof von Wirzburg wegen der Coadjutorie von Bamberg à 30000 Gulden: an Basel 1500, an Lüttich 3000 Gulden. Der Herr Bischof von Hildesheim und Paderborn erhält für beyde Sitze 50000 Preußische Thaler oder 80000 Gulden, gibt also von der Hälfte ab: an Basel 2000, an Lüttich 4000 Gulden. Der Herr Bischof von Regensburg von seiner Pension von Freisingen à 20000 Gulden: an Basel 1000, an Lüttich 2000 Gulden. Ebenderselbe wegen der Probstei Berchtolsgaden à 20000 Gulden: an Basel 1000, an Lüttich 2000 Gulden. Der Herr Churfürst Erzkanzler, als Fürst-Bischof von Constanz und Worms à 10000 Gulden: an Basel 500, an Lüttich 1000 Gulden.

Betreffend hingegen die Domcapitel und Dienerschaften, welche aus den diesseits Rheinischen Gütern und Einkünften von den neuen Landesherren ihren nöthigen Unterhalt nicht erhalten können, als jene von Cölln, Trier, Worms, Lüttich, Basel, Speier, Straßburg und andere, welche sich im ähnlichen Falle befinden; so soll für sie eine eigene Casse dadurch errichtet werden, daß jenen Domherrn, welche mehr als eine Präbende hatten, zwey Zehntheile ihrer neun Zehntheile, welche sie von diesen Präbenden zu beziehen haben, eingehalten, und diese Casse dem Churfürsten Reichserzkanzler untergeben werde, um hievon nach einem gerechten Maaßstabe die Austheilung dergestalt zu machen, damit nach den Kräften der Casse ihr Zweck erreicht werde. Nichts desto weniger haben diejenigen Landesherren, welchen die Ueberreste solcher Lande, auch der Einkünfte der

Domcapitel und andrer Corporationen zufallen, nach deren Verhältniß für den Unterhalt der leidenden Interessenten zu sorgen.

§ 76. In Ansehung derjenigen Geistlichen und Diener endlich, deren Körperschaften jenseits auf der linken Rheinseite aufgehoben worden, welche jedoch noch mehr oder weniger Güter auf dieser rechten Rheinseite haben, die künftig der Disposition der respectiven Landesherren überlassen sind, versteht sich von selbst, daß diese Landesherren, so weit diese Einkünfte reichen, den Unterhalt derjenigen Personen, welche als diesseits gebohrne von dem Französischen Gouvernement zu dem Unterhalt ohne Pension auf diese Seite verwiesen worden, oder welche eben dieser Einkünfte und ihrer Administration wegen, um davon ihren Unterhalt zu ziehen, schon während des Kriegs auf dieser Rheinseite ihre Wohnungen genommen, auch diese Einkünfte bisher wirklich genossen haben, eben so wie alle andere neue Landesherren diesen Unterhalt zu übernehmen, und zu diesem Ende diesen unglücklichen Individuen ihre Einkünfte, worauf ihnen ein gegründetes Recht zustehet, lebenslänglich zu belassen, und über solche nur nach deren Tode anderweit zu disponiren haben.

§ 77. Da auch wegen der, auf den Entschädigungslanden haftenden Schulden zur Beruhigung so vieler Gläubiger Vorsehung geschehen muß; so versteht sich zuvörderst von selbst, daß bey solchen Landen, welche ganz von einem geistlichen Regenten auf einen weltlichen übergehen, letzterer alle sowohl Cameral- als Landesschulden eines solchen Landes mit zu übernehmen, mithin solche respective aus seinen neuen Kammer-Einkünften und Steuern eben so zu verzinsen und abzuführen habe, wie es der geistliche Regent würde haben thun müssen.

§ 78. Bey solchen geistlichen Landen hingegen, welche unter mehrere vertheilt werden, kann sich zwar der Gläubiger, wenn ihm ein Special-Unterpfand verschrieben ist, an dieses Special-Unterpfand allerdings dergestalt halten, daß diejenigen Theilhaber eines solchen Landes, welche die Special-Hypothek besitzen, ihm einstweilen die Zinsen fort entrichten müssen; es sind aber hiernächst diese Schulden eben so wie diejenigen, welche nur eine General-Hypothek, oder auch nur versionem in rem für sich, oder endlich, die ihre bisher gehabte Special-Hypothek, z.B. die Zölle, verlohren haben, als allgemeine Landesschulden unter sämmtlichen Theilhabern eines solchen Landes in verhältnißmäßige Theile, und zwar die Kammerschulden nach dem Domainenertrage, die Landesschulden aber nach dem Steuercapitale zu vertheilen.

§ 79. Damit jedoch die Gläubiger bis zu dieser Austheilung nicht auf ihre Zinsen warten müssen; so hat von solchen Capitalien, denen es an einer Special-Hypotek fehlt, der Inhaber des Hauptorts oder des größern Theils des Landes einstweilen bis zur Abrechnung, diese Zinsen zu berichtigen; es wäre dann, daß sich die Theilhaber da, wo die Theile nicht merklich verschieden sind, wenigstens der Verzinsung solcher Capitalien wegen, einstweilen unter sich verstünden.

§ 80. Lägen hingegen die geistlichen Lande, von deren Schulden die Frage ist, zum Theil auf der linken Rheinseite; so sind diejenigen Landesschulden, die ihre Special-Hypothek auf der linken Rheinseite haben, oder die sonst nach dem Lüneviller Frieden geeignet sind, auf die Französische Republik überzugehen, von der zu vertheilenden Schuldenmasse eines solchen Landes voraus abzuziehen.

§ 81. Sollten aber etwa irgendwo noch nach dem 24sten August 1802 neue Schulden contrahirt worden seyn, so hängt deren Zahlung davon ab, ob wirklich der Nutzen oder das Bedürfniß des Staats solche Geldaufnahmen noch erfordert habe.

§ 82. Was sodann die Schulden ganzer Kreise, und zwar zuerst solcher, welche wie der Fränkische und Schwäbische, ganz auf der rechten Rheinseite liegen, betrifft; so bleiben alle diejenigen Länder, welche bisher zu diesen Kreisen gehört haben, für solche Schulden verhaftet. Werden aber einzelne geistliche Kreislande unter mehrere weltliche Herrn vertheilt; so muß ohnehin jedem Theile eines solchen Landes seine rata matricularis an Reichs- und Kreisprästanden bald thunlichst regulirt werden; nach welchem Maaßstabe alsdann auch die neuen Besitzer zu Abtrag- und Verzinsung der Kreis-Capitalien zu concurriren haben. Bis aber diese Repartition wirklich geschehen ist, kann der Beytrag von solchen getheilten Ländern zu allen

Kreisprästanden, mithin auch zu Verzinsung der Capitalschulden nicht anders geschehen, als auf die nämliche Art, wie so eben in Betreff der Landesschulden getheilter Lande erwähnt worden ist.

§ 83. In Ansehung derjenigen Schulden aber endlich, welche die auf beyden Rheinseiten gelegenen Chur- und Oberrheinischen Kreise, und zwar Churrhein unmittelbar vor dem Kriege, Oberrhein aber erst während und zu dem Kriege contrahirt haben, so sind nach allen vorwaltenden Verhältnissen die Gläubiger dieser Chur- und Oberrheinischen Kreise wegen dieser ihrer Capitalien und Zinsen sich an den diesseits Rheinischen Landen der beyden Kreise zu halten allerdings befugt. Die Herren der diesseits Rheinischen Lande, welche zu einem dieser Kreise gehören, haben sich über die Verzinsung und Abführung dieser Capitalien zu verstehen. Vor allem sind zu diesem Ende bey Oberrhein zu den dort eingeführten General- und Specialcassen die exigibeln Ausstände, in so ferne keine rechtliche Entschuldigung obwaltet, beyzutreiben; sodann zur Zinsen- und Capitalien-Zahlung zu verwenden, das weiter Erforderliche aber ist durch gewöhnliche Kreisrömermonate von den zu diesem Kreise noch gehörigen Landen beyzubringen.

§ 84. In so ferne hingegen der matricularmäßige Antheil der jenseits Rheins gelegenen Kreislande an diesen Schulden von der Französischen Republik nicht unter die Cathegorie der von derselben zu übernehmenden Schulden gerechnet wird; so ist der Antheil der jenseits Rheins gelegenen weltlichen Kreislande an den Kreisschulden denjenigen Landesschulden beyzuzählen, welche von den entschädigten Reichsständen ohne Belastung ihrer neuen Unterthanen zu übernehmen sind; und nur der Antheil der geistlichen Kreislande an den Kreisschulden fällt ohne Uebertragung hinweg, und vermehrt die Schuldenmasse der diesseits Rheins übrigen Kreisgebiete, weil für dieselbe keine Entschädigung gegeben wird.

§ 85. Die Vollziehung dieser Beschlüsse haben sich die kreisausschreibenden Herrn Fürsten, und am Chur- und Oberrheinischen Kreise Churmainz und Hessen-Cassel gemeinsam angelegen seyn zu lassen.

Würden jedoch, sowohl bey Austheilung dieser Schulden, als des zu regulirenden Unterhalts für die Geistlichkeit Fälle eintreten, wo wegen Collision der Interessen, und aus Mangel gütlicher Uebereinkunft die Beyziehung eines dritten Fürsten nothwendig werde; so haben sich die kreisausschreibenden Herren Fürsten oder Commissarien einen Obmann selbst zu erbitten.

§ **86**. Obgleich nun auch sich von selbst versteht, daß die den Ständen des Reichs als Entschädigung zufallenden Reichslande, die bisher von solchen Landen entrichteten Kreis- und Reichssteuern, insbesondere die der Unterhaltung des Kaiserl. Reichskammergerichts gewidmeten Beyträge, oder Kammerzieler, ferner zu zahlen schuldig seyen: so findet man jedoch bey den vorgehenden Besitzveränderungen, und sonderlich bey der Verstücklung mehrerer Reichslande, zu mehrerer Sicherstellung des kammergerichtlichen Unterhalts nöthig, nach dem Sinne der älteren Reichsgesetze, insbesondere des § 16 des jüngsten Reichsabschieds festzusetzen, daß

1) alle erblichen Reichsstände von den ihnen als Entschädigung zufallenden geistlichen reichsunmittelbaren Landen, auch Reichsstädten, die davon bisher bezahlen Kammerzieler fortzubezahlen haben. Sodann

§ **87**. daß 2) eben diese Verbindlichkeit denjenigen Reichsständen obliegt, welchen abgerissene Lande von jenseits Rheinischen Hauptlanden, oder nur Theile diesseits rheinischer Entschädigungslande zufallen, dergestalt, daß der künftige Besitzer abgerissener Lande von jenseits Rheinischen Hauptlanden die ratam, welche ein solches abgerissenes Land zum jenseitigen Hauptlande beygetragen hatte; von mehrern Theilhabern aber eines zertheilten Reichslandes der künftige Besitzer des größern Theils eines solchen Landes, oder dessen Hauptorts, den ganzen Kammerzielerbeytrag salvo regressu gegen die übrigen Theilhaber, einstweilen abzuführen habe; es wäre dann, daß dieser mit den Inhabern der kleinern Landesantheile über ihre Concurrenz binnen 2 Monaten sich verglichen, und diese getroffene Uebereinkunft dem kaiserlichen Reichskammergerichte angezeigt haben würde. Endlich

§ **88**. daß 3) wo ein Land in mehrere kleine Parcelen zerfällt, die Kammerzieler, welche auf dem ganzen bisher gehaftet, unter die einzelnen Theilhaber einstweilen ex aequo et bono von den kreisausschreibenden Fürsten, im Chur- und Oberrheinischen Kreise aber von Churmainz und Hessen-Cassel, bis zur künftigen Rectification der Kammermatrikel auf den Fall zu vertheilen sind, wenn solche Theilhaber sich deßfalls nicht unter sich selbst binnen den vorgedachten zwey Monaten gütlich verglichen, und hievon das Kaiserl. Reichskammergericht benachrichtiget hätten.

§ **89**. Schließlich wird Kaiserl. Majestät und dem Reiche anheim gestellt, den über das Sustentationswesen dieses Reichsgerichts von demselben erstatteten Hauptbericht bald thunlichst zu erledigen, und dessen künftige Verhältnisse bey der Abnahme seines Sustentationsfonds, und den eintretenden Veränderungen, gesetzlich zu bestimmen.

Adam Christian Gaspari: Der Deputations-Receß, Zweyter Theil, Hamburg 1803, S. 1–336.

10 Reichsgutachten über den vorstehenden Deputationshauptschluß

26. März 1803

Ihrer Römisch Kaiserl. Majestät unsers allergnädigsten Herrn zu gegenwärtiger Reichsversammlung bevollmächtigtem Höchstansehnlichen Prinzipal-Commissarius, Herrn Karl Alexander Fürsten zu Thurn und Taxis etc., etc., Hochfürstl. Gnaden, bleibt hiermit im Namen der Kurfürsten, Fürsten und Stände des Reichs gebührend unverhalten:

Nachdem von der zur gänzlichen Berichtigung des Lüneviller Friedens ernannten, und durch das Kaiserl. allergnädigste Commissionsdecret vom 2. August v. J. hierher berufenen außerordentlichen Reichsdeputation nach vielfältigen mit der Höchstansehnlichen Kaiserlichen Plenipotenz und den Herren Ministern der vermittelnden Mächte gepflogenen Communicationen bereits den 23. November v. J. ein Hauptschluß verfaßt, und darüber nicht nur schon am 6. December von ersagten Ministern Noten an die allgemeine Reichsversammlung gebracht, sondern auch ein Kaiserl. allergnädigstes Commissionsdecret unterm 21. gedachten Monats an dieselbe erlassen, ferner von der Deputation selbst unterm 5. und 31. Jänner, auch 4. und 26. Februar d. J. Berichte sammt Anlagen erstattet, und dem letzten Berichte ein mit mehreren Abänderungen und Zusätzen des Tags vorher neu verfaßter Deputationshauptschluß, auch das nur erwähnte Kaiserl. allerhöchste Kommissionsdecret, die Noten und Berichte, so wie die neuesten Noten der Herren Minister der vermittelnden Mächte vom 28. vorigen Monats und 9. d. jederzeit durch die Reichsdictatur zur Wissenschaft aller drei Reichscollegien befördert, sodann alle diese Verhandlungen in allen drei Reichscollegien in Vortrag und Umfrage gestellt worden, so hat man nach reifer Erwägung der Sache dafür gehalten und geschlossen: daß

1) der nunmehr zur Vollständigkeit gediehene hier mitkommende Deputationshauptschluß vom 25. vor. Mon. als das ein-

zige Mittel, den für das Wohl des gesammten deutschen Vaterlandes, und die Erhaltung des Reichsverbands selbst so nothwendigen Ruhestand zu befestigen, und eine gute Ordnung der Dinge im Reiche wieder herzustellen, von gesammten Reichs wegen zu genehmen; dabei auch

2) die bisherigen Reichsgrundgesetze, insonderheit der westphälische Friede, und alle darauf erfolgten Friedensschlüsse, in so weit solche durch den Lüneviller Tractat, und diesen jetzt zu genehmigenden Deputationshauptschluß nicht ausdrücklich abgeändert worden, zu bestätigen; in wessen Folge also

3) die deutsche Reichsverfassung in allen übrigen, nicht ausdrücklich abgeänderten Puncten, wie solche für Kurfürsten, Fürsten und Stände des Reichs, wohin auch der hohe deutsche Orden zu rechnen, und die unmittelbare Reichsritterschaft mit eingeschlossen, bisher bestanden, auch für die Zukunft zu verwahren sey; daß demnach

4) Sr. Kaiserl. Majestät für die reichsoberhauptliche Vorsorge zur möglichsten Erhaltung der deutschen Reichsverfassung, weise Einleitung und Mitwirkung zur glücklichen Beendigung dieses beschwerlichen Entschädigungsgeschäfts der allerunterthänigste Dank gebühre, und mit der ehrerbietigsten Bitte hiemit erstattet werde, daß Allerhöchstdieselben geruhen mögen, auch den hohen vermittelnden Mächten für Ihre weisen Rathschläge und Ihre rühmliche Verwendung zur endlichen Ausgleichung dieser wichtigen National-Angelegenheit die dankbaren Empfindungen der Reichsversammlung zu erkennen zu geben; welches alles

5) durch ein allergehorsamstes Reichsgutachten, wie hiemit geschieht, zur reichsoberhauptlichen Genehmigung allerunterthänigst zu bringen sey.

Womit des Kaiserl. Herrn Principalcommissarius Hochfürstlichen Gnaden der Kurfürsten, Fürsten und Stände des Reichs anwesende Räthe, Bothschafter und Gesandte sich besten Fleißes und geziemend empfehlen.

Signatum Regensburg den 24. März 1803.

Kurfürstlich Mainzische Kanzley.

Zeumer, S. 529

11 Kaiserliches Ratifications-Commissions-Dekret zu vorstehendem Reichsgutachten

28. April 1803

Von der Römisch Kaiserl. Majestät Franz des Zweiten, unsers allergnädigsten Kaisers und Herrn, zur gegenwärtigen allgemeinen Reichsversammlung verordneter Höchst-ansehnlicher Kaiserl. Prinzipal-Commissarius, Herr Karl Alexander, des Heil. Röm. Reichs Fürst etc., geben den allhier versammelten des Heil. Röm. Reichs Kurfürsten, Fürsten und Ständen vortrefflichen Räthen, Botschaftern und Gesandten hiermit zu vernehmen:

Da die zur Erfüllung des fünften und siebenten Artikels des Lüneviller Friedens bevollmächtigte außerordentliche Reichsdeputation das ihr anvertraute Werk nunmehr zu Stande gebracht hat, und von Kurfürsten, Fürsten und Ständen des deutschen Reichs in ihrem gemeinsamen Gutachten von 24. März auf dessen Bestätigung angetragen worden ist; so wollen Se. Majestät der Kaiser nicht verweilen, diesem in seiner Beschaffenheit und in seinen Folgen so wichtigen Werke aus reichsväterlicher Sorgfalt für die Erhaltung des Friedens und der Ruhe Deutschlands nach Maaßgabe ihrer Pflichten die gesetzliche Vollendung zu ertheilen.

Der Endzweck, auf welchen in diesem entscheidenden Augenblicke Ihre Aufmerksamkeit sich richtet, besteht darin, die Erfüllung der von Sr. Kaiserl. Majestät und dem deutschen Reiche übernommenen Verbindlichkeiten einerseits mit der Erhaltung der hergebrachten Reichsverfassung, andererseits mit den freundschaftlichen Rücksichten thunlichst zu vereinbaren, die Allerhöchstdieselben für die Vorschläge der zwei als Vermittler eingeschrittenen Mächte, so wie für die Wünsche und Zufriedenheit der Reichsstände tragen.

Es ist dieses der nämliche Zweck, der alle Schritte und Bemühungen Sr. Majestät des Kaisers bei Zusammenberufung und bei allen Verhandlungen der erwähnten Reichsdeputation geleitet hat. In Gemäßheit desselben haben Sie sich während dem

Laufe dieser Verhandlungen dem von den vermittelnden Mächten vorgeschlagenen, von der Deputation durch entschiedene Stimmenmehrheit angenommenen Entschädigungsplane so beförderlich erwiesen, als es immer die Vorschrift der maaßgebenden Friedensartikel und die Gränzen der auf die Erfüllung dieser Artikel und auf die Aufrechthaltung der damit vereinbarlichen Reichsverfassung abgezielten Deputationsvollmacht erlauben konnten.

Und mit welcher freiwilligen Mäßigung und großen Rücksichten für die vermittelnden Mächte und die mit interessirten Reichsstände Se. Kaiserl. Majestät sich hierbei bestrebt haben, die Behebung der sich ergebenden Anstände, wenn selbe von den rechtmäßigen Interessen Allerhöchst Ihres Hauses herrührten, zu erleichtern, solches hat Ihre zu Paris den 26. December v.J. geschlossene Convention an den Tag gelegt, worin Sie die Verbindlichkeiten des Lüneviller Tractats freiwillig erweitert und die einem Fürsten Ihres Hauses gebührende volle Entschädigung möglichst beschränket haben.

Eben so haben Se. Kaiserl. Majestät die thunlichste Beförderung in Ansehung der dem Entschädigungsplane beigerückten, aus der angenommenen Entschädigungs-Basis nicht geflossenen, oder in die innere Verfassung des deutschen Reichskörpers einschlagenden weitern Anträge bewiesen. Auch hierüber haben Sie Sich durch die angeführten Rücksichten bewogen gefunden, in vorgedachter Pariser Convention Ihre Beistimmung zu dem Deputationshauptschlusse vom 23. November v.J. in der Maaßgebung zuzusagen, daß Sie dabei sämmtliche mit dem Entschädigungsplane an sich vereinbarlichen Gerechtsame ausdrücklich verwahrten, die Allerhöchstdenenselben theils in Ihrer reichsoberhauptlichen Würde, theils als Regent Ihrer Erbstaaten gebühren; da Sie in dieser letzten Eigenschaft, gleich wie Sie für Ihre Kriegsverluste an den Entschädigungen keinen Theil bekommen, auch den damit verknüpften Einschränkungen nur in so fern, als es die Ausführungsmöglichkeit der allgemeinen Entschädigungs-Basis erheischet, unterliegen können.

Nachdem endlich nach dem Schlusse der Convention vom 26. December zu dem Deputationshauptschlusse vom 23. November noch verschiedene Zusätze, Aenderungen und Anträge hinzugekommen sind, und daraus der neue Deputationshauptschluß vom 25. Hornung entstanden ist, auf dessen Gutheißung das Reichsgutachten unter einigen ausdrücklichen Vorbehaltungen anträgt; so sehen Se. Kaiserl. Majestät Sich nach reiflicher Abwägung aller bisher angeführten Umstände, und nach dem Gefühle Ihrer aufhabenden theuersten Pflichten veranlaßt, dem eben genannten Reichsgutachten Ihre reichsoberhauptliche Genehmigung unter folgenden Bedingnissen zu ertheilen:

Daß die zu Paris am 26. December v.J. geschlossene und zur Kenntniß der Reichsversammlung vorgelegte Convention in ihrer Kraft und Verbindlichkeit, nach dem wörtlichen Inhalte ihrer Artikel, insonderheit in Ansehung der in dem 4. Artikel enthaltenen Vorbehaltungen, aufrecht zu bestehen habe.

Daß, in so fern diese Vorbehaltungen die Sr. Majestät als Kaiser und Reichsoberhaupte zustehenden Gerechtsame betreffen, die gesetz- und herkommensmäßige Ausübung dieser Gerechtsame sowohl bei Ausführung des gegenwärtigen Reichsschlusses, als für alle zukünftige Zeiten ungeschmälert erhalten werde.

Daß die in dem Reichsgutachten vom 24. März erwähnte Bestätigung der Reichsgrundgesetze, insonderheit des westphälischen Friedens, und der darauf erfolgten Friedensschlüsse, in so fern solche durch den Lüneviller Tractat und den gegenwärtigen Reichsschluß nicht ausdrücklich abgeändert werden, deßgleichen die darin angetragene Verwahrung der deutschen Reichsverfassung in allen übrigen nicht ausdrücklich geänderten Puncten, wie solche für Kurfürsten und Stände des Reichs, wohin auch der hohe deutsche Orden zu rechnen, und die unmittelbare Reichsritterschaft mit eingeschlossen, bisher bestanden ist, in wirkliche Ausführung und Handhabung übergehe.

Daß, nachdem die Bedenken, welche von Sr. Kaiserl. Majestät bei Gelegenheit der in den früheren Deputationsvorschlägen gemachten Anträge zur Vermehrung der Virilstimmen im Reichsfürstenrathe geäußert wurden, durch die spätern Vorschläge keineswegs gehoben worden sind, Se. Kaiserl. Majestät Sich durch Ihre für die Erhaltung der Reichsverfassung und die Beschützung der katholischen Religion heilig beschwornen Pflichten gemüßigt sehen, Ihre Ratification über diesen Gegenstand einstweilen zu suspendiren, und Sich vorzubehalten, durch ein unverzügliches ferneres Commissionsdecret die Erstattung eines weitern Reichsgutachtens zu dem Ende zu verlangen, damit durch angemessene Vorschläge dafür gesorgt werde, daß, nachdem dem protestantischen Religionstheile schon in den Kurfürstlichen und Reichsstädtischen Collegien eine so entschiedene Stimmenmehrheit zufällt, die hergebrachten Verhältnisse der zwei Religionstheile nicht auch in dem fürstlichen Collegium, bis zur wesentlichen Ueberschreitung der Stimmenparität, abgeändert werden.

Daß endlich in Ansehung derjenigen Puncte des letzten allgemeinen Deputationsschlusses, deren Erörterung erst noch künftigen Anträgen und Unterhandlungen zu unterliegen hat, wie dergleichen namentlich in dem Schlusse des 2. und 39. § vorkommen, Sr. Kaiserl. Majestät und dem Reiche die weitere gebührende Einschreitung vorbehalten bleibe.

Indem nun Se. Kaiserl. Majestät unter diesen vorausgesetzten Bedingnissen dem Reichsgutachten vom 24. März Ihre reichsoberhauptliche Genehmigung hiemit förmlich ertheilen, so ergreifen Sie auch diese Gelegenheit, um Ihren und des gesammten Reichs aufrichtigsten Dank für die von den zwei vermittelnden Mächten in der vorliegenden wichtigen Angelegenheit verwendete Sorgfalt und Bemühungen öffentlich hiemit abzustatten; gleich wie Sie mit Zuversicht hoffen, daß gedachte Mächte die hiebei von Seiten Kaisers und Reichs erhaltenen überzeugendsten Beweise bereitwilliger Rücksicht für Ihre Wünsche und Vorschläge freundschaftlich erkennen werden, und daß somit das nunmehr gänzlich zu Stande gebrachte Friedenswerk auf das dauerhafteste versichert und befestigt worden sey.

Es verbleiben übrigens des Höchstansehnlichen Kaiserl. Herrn Principalcommissarius Hochfürstl. Gnaden den allhier versammelten vortrefflichen Räthen, Bothschaftern und Gesandten mit freundlichem, auch geneigtem und gnädigem Willen beständig wohl zugethan.

Zeumer, S. 529–531

12 Patent des Römischen Kaisers Franz II. über die Annahme des erblichen österreichischen Kaisertums

1. August 1804

Wir Franz der Zweyte etc.

Obschon Wir durch göttliche Fügung und durch die Wahl der Churfürsten des Römisch-Deutschen Reiches zu einer Würde gediehen sind, welche Uns für Unsere Person keinen Zuwachs an Titel und Ansehen zu wünschen übrig läßt; so muß doch Unsere Sorgfalt als Regent des Hauses und der Monarchie von Österreich dahin gerichtet sein, daß jene vollkommene Gleichheit des Titels und der erblichen Würde mit den vorzüglichsten Europäischen Regenten und Mächten aufrecht erhalten und behauptet werde, welche den Souveränen Österreichs, sowohl in Hinsicht des uralten Glanzes Ihres Erzhauses, als vermöge der Größe und Bevölkerung Ihrer, so beträchtliche Königreiche und unabhängige Fürstenthümer in sich fassenden Staaten gebühret, und durch völkerrechtliche Ausübung und Traktaten versichert ist.

Wir sehen Uns demnach zur dauerhaften Befestigung dieser vollkommenen Rangs-Gleichheit veranlaßt und berechtiget, nach den Beispielen, welche in dem vorigen Jahrhundert der Russisch-Kaiserliche Hof, und nunmehr auch der neue Beherrscher Frankreichs gegeben hat, dem Hause von Österreich, in Rücksicht auf dessen unabhängige Staaten, den erblichen Kaiser-Titel gleichfalls beizulegen.

In Gemäßheit dessen, haben Wir nach gepflogener reiflichen Überlegung beschlossen, für Uns und für Unsere Nachfolger in dem unzertrennlichen Besitze Unserer unabhängigen Königreiche und Staaten, den Titel und die Würde eines erblichen Kaisers von Österreich (als den Nahmen Unseres Erzhauses) dergestalt feierlichst anzunehmen und festzusetzen, daß Unsere sämtlichen Königreiche, Fürstenthümer und Provinzen ihre bisherigen Titel, Verfassungen, Vorrechte und Verhältnisse fernerhin unverändert beibehalten sollen. Zufolge dieser Unserer allerhöchsten Entschließung und Erklärung verordnen Wir:

1. Daß unmittelbar nach Unserem Titel eines erwählten Römisch-Deutschen Kaisers, jener eines erblichen Kaisers von Österreich eingeschaltet werde, sonach aber Unsere weiteren Titel, als: König von Germanien, Ungarn, Böhmen etc., dann die eines Erzherzogs von Österreich etc., Herzogs von Steyermark etc., und jene der übrigen Erblande folgen sollen. [...]

2. Soll allen, sowohl Unseren Deszendenten beiderlei Geschlechtes, als jenen Unserer Nachfolger in der Regentschaft des Erzhauses, der Titel von kaiserlich-königlichen Prinzen und Prinzessinen, nebst jenem von Erzherzogen und Erzherzoginnen von Österreich, dann von kaiserlich-königlichen Hoheiten beigelegt und erteilt werden.

3. Gleichwie aber alle Unsere Königreiche und andere Staaten vorbesagter Maßen in ihren bisherigen Benennungen und Zustande ungeschmälert zu verbleiben haben; so ist solches insonderheit von Unserem Königreiche Ungarn und den damit vereinigten Landen, dann von denjenigen Unserer Erb-Staaten zu verstehen, welche bisher mit dem Römisch-deutschen Reiche in unmittelbarem Verbande gestanden sind, und auch in Zukunft die nämlichen Verhältnisse mit demselben, in Gemäßheit der von Unseren Vorfahren im Römisch-Deutschen Kaisertume Unserem Erzhause erteilten Privilegien, beibehalten sollen.

4. Wir halten Unseren weiteren Entschließungen die Bestimmung derjenigen Feierlichkeiten bevor, welche Wir für Uns und Unsere Nachfolger, in Ansehung der Krönung als erblicher Kaiser festzusetzen, für gut finden werden; jedoch soll es bei denjenigen Krönungen, welche Wir und Unsere Vorfahren, als Könige von Ungarn und von Böhmen empfangen haben, ohne Abänderungen auch in Zukunft verbleiben.

5. Diese Unsere gegenwärtige Erklärung und Verordnung soll in allen Unseren Erb-Königreichen und Staaten, in den gehörigen Wegen unverzüglich kund gemacht, und in Ausübung gesetzt werden. Gleichwie Wir nicht zweifeln, daß sämtliche Stände und Untertanen derselben diese gegenwärtige, auf die Be-

festigung des Ansehens des vereinigten Österreichischen Staaten-Körpers zielende Vorkehrung mit Dank und patriotischer Teilnehmung erkennen werden.

Hofmann, S. 366–367

13 Der Frieden zu Preßburg

26. Dezember 1805

Se. Majestät der Kaiser von Deutschland und Oesterreich und Se. Majestät der Kaiser der Franzosen und König von Italien [...] haben sich über nachstehende Punkte verglichen.

Art. I. Von diesem Tage an gerechnet soll zwischen Sr. Majestät dem Kaiser von Deutschland und Oesterreich, und zwischen Sr. Majestät dem Kaiser der Franzosen und König von Italien, ihren Erben und Nachfolgern, ihren Staaten und Unterthanen ein ewiger Friede und Freundschaft sein.

[...]

Art. V. Se. Majestät der Kaiser von Deutschland und Oesterreich erkennen Se. Majestät den Kaiser der Franzosen als König von Italien an. [...]

Art. VI. Ihre Durchlauchten, die Kurfürsten von Bayern, Württemberg und Baden und die Batavische Republik, als die mit Sr. Majestät dem Kaiser der Franzosen und Könige von Italien in diesem Kriege alliirt waren, sollen in dem gegenwärtigen Friedens-Tractat mit inbegriffen sein.

Art. VII. Die Kurfürsten von Bayern und Württemberg nehmen den Königstitel an, ohne jedoch aufzuhören Glieder des deutschen Bundes zu sein. Se. Majestät der Kaiser von Deutschland und Oesterreich erkennt sie in dieser Würde.

Art. VIII. Se. Majestät der Kaiser von Deutschland und Oesterreich leistet sowohl für sich, seine Erben und Nachfolger, als für die Prinzen seines Hauses, ihre Erben und resp. Nachfolger auf nachbenannte Fürstenthümer, Herrschaften, Domainen und Gebiete Verzicht, und überläßt und tritt ab an Se. Majestät den König von Bayern die Markgrafschaft Burgau und was dazu gehört, das Fürstenthum Eichstädt, denjenigen Theil des Gebietes von Passau, der Sr. königlichen Hoheit, dem Kurfürsten von Salzburg gehörte, und zwischen Böhmen, Oesterreich, der Donau und dem Inn gelegen ist, ferner die Grafschaft Tyrol, mit Inbegriff der Fürstenthümer Brixen und Trient; die sieben Herrschaften im Vorarlbergischen und ihren Inklavirungen, die Grafschaft Hohenems, die Grafschaft Königsegg, Rothenfels, die Herrschaften Tettnang und Arzen und die Stadt Lindau nebst ihrem Gebiete.

An Se. Majestät den König von Württemberg die fünf sogenannten Donaustädte, nämlich: Ehingen, Munderkingen, Reidlingen, Mengen und Sulgau mit allem was dazu gehört, die obere und untere Grafschaft Hohenberg, die Landgrafschaft Nellenburg, und die Präfektur Altdorf mit dem was (die Stadt Konstanz ausgenommen) dazu gehört; ferner denjenigen Theil des Breisgaues, welcher im Württembergischen inklavirt, und gegen Osten in einer Linie vom Schlegelberg bis zum Molbach gelegen ist, und die Städte Willingen und Braunlingen mit ihrem Gebiete.

An Se. Durchlaucht den Kurfürsten von Baden das Breisgau, mit Ausschluß der vorhin benannten und abgesonderten Besitzungen, die Ortenau mit allem, was dazu gehört, die Stadt Konstanz und die Kommenthurei Meinau.

Von allen hier oben benannten Fürstenthümern, Herrschaften, Domainen und Gebieten sollen Ihre Majestäten, die Könige von Bayern und Württemberg, und Se. Durchlaucht der Kurfürst von Baden, ganz unabhängig mit der vollkommensten Souveränetät, auf gleiche Weise mit den gleichen Titeln, Rechten und Prärogativen Besitz nehmen, wie sie vorhin Se. Majestät der Kaiser von Deutschland und Oesterreich, oder die Prinzen seines Hauses besessen haben, und anders nicht.

[...]

Art. X. Salzburg und Berchtoldsgaden, die Sr. königl. Hoheit dem Kurfürsten Erzherzoge Ferdinand gehörten, sollen mit Oesterreich vereinigt und von Sr. Majestät dem Kaiser von Deutschland und Oesterreich ganz eigen und mit voller Souveränetät, aber nur unter dem Titel eines Herzogthums besessen werden.

Art. XI. Se. Majestät der Kaiser der Franzosen und König von Italien verspricht Ihre guten Dienste, um von Se. Majestät dem Könige von Bayern, zu Gunsten Sr. königlichen Hoheit, des Erzherzogs Ferdinands, Kurfürsten von Salzburg, die Abtretung des Fürstenthums Würzburg so wie dasselbe durch den Rezeß der deutschen Reichsdeputation von 23. Februar 1803 (6. Ventos. im Jahre XI) besagter Majestät überlassen worden ist, zu erhalten.

Der kurfürstliche Titel Sr. königl. Hoheit geht auf diese Fürstenthum über, welche Se. königl. Hoheit ganz eigen mit voller Souveränetät, auf gleiche Weise und unter den nämlichen Befugnissen, wie vorhin das Kurfürstenthum Salzburg besitzen wird.

In Beziehung auf die Schulden hat man sich dahin verstanden, daß der neue Besitzer nur für jene Schulden hafte, welche von Anlehen, wozu die Stände ihre förmliche Einwilligung gaben, oder von Administrations-Ausgaben herrühren.

Art. XII. Die Würde eines Großmeisters des deutschen Ordens, die Gerechtsame, Domainen und Einkünfte, welche vor dem gegenwärtigen Kriege, von Mergentheim, als dem Hauptorte besagten Ordens, dependirten, alle übrigen Gerechtsamen, Domainen und Einkünfte, welche zur Zeit der Auswechselung dieses Traktats mit dem Großmeisterthum verbunden sind, deßgleichen alle Domainen und Einkünfte, in deren Besitz sich zu der nämlichen Zeit der besagte Orden befinden wird, sollen demjenigen Prinzen des kaiserlichen Hauses, welchen Se. Majestät der Kaiser von Deutschland und Oesterreich ernennen wird, in der Person und in jeder männlichen Linie nach dem Erstgeburtsrechte erblich überlassen werden. Se. Majestät der Kaiser Napoleon verspricht seine guten Dienste, damit Se. königliche Hoheit, der Erzherzog Ferdinand, sobald wie möglich, eine gänzliche und volle Entschädigung in Deutschland erhalte.

Art. XIII. Se. Majestät der König von Bayern kann die Stadt und das Gebiet von Augsburg in Besitz nehmen, sie seinen Staaten einverleiben und ganz eigen und mit aller Souveränetät besitzen.

Se. Majestät der König von Württemberg kann gleicherweise die Grafschaft Bondorf in Besitz nehmen, sie seinen Staaten einverleiben und ganz eigen mit voller Souveränetät besitzen. Se. Majestät der Kaiser von Deutschland und Oesterreich verspricht, hierin keinerlei Hinderniß in den Weg zu legen.

Art. XIV. Ihre Majestäten die Könige von Bayern und Württemberg und Se. Durchlaucht der Kurfürst von Baden werden über die ihnen hier abgetretenen Ländereien sowohl, als über ihre alten Staaten die vollständige Souveränetät und alle Gerechtsame, die damit verbunden und ihnen von Se. Majestät dem Kaiser der Franzosen und Könige von Italien garantirt sind, so und auf die nämliche Weise ausüben, wie Se. Majestät der Kaiser von Deutschland und Oesterreich, und S. Majestät der König von Preußen sie über ihre deutschen Staaten ausüben. Se. Majestät der Kaiser von Deutschland und Oesterreich verpflichtet sich sowohl als Chef des Reichs, als auch als Mitstand, der Ausübung alles desjenigen, was besagte Ihre Majestäten der König von Bayern und von Württemberg und Seine Durchlaucht der Kurfürst von Baden rücksichtlich dieser ihrer Souveränetäts-Rechte gethan haben, oder erst noch thun werden, keinerlei Hinderniß in den Weg zu legen.

Art. XV. Se. Majestät der Kaiser von Deutschland und Oesterreich entsagt sowohl für sich, seine Erben und Nachfolger, als auch für die Prinzen seines Hauses, ihre Erben und Nachfolger, allen Gerechtsamen der Souveränetät sowohl, als des Lehenrechtes, allen und jeden wirklichen oder eventuellen Ansprüchen auf alle Staaten, keinen ausgenommen, in deren Besitze Ihre Majestäten die Könige von Bayern und Württemberg und Se. Durchlaucht der Kurfürst von Baden sind, und überhaupt auf alle in den beyerischen, fränkischen und schwäbischen Kreisen liegende Staaten, Domainen und Gebiete, so wie auch allen auf diesen Domainen und Gebieten haftenden Titeln. Alle Ansprüche, sie mögen wirkliche oder eventuelle sein, welche besagte Staaten auf das Haus Oesterreich oder gegen die Prinzen desselben haben mögen, sind und bleiben demnach für immer erloschen. Jedoch haben die im gegenwärtigen Artikel enthaltenen Renunciationen keine Beziehung auf das Eigenthum, welches durch den Artikel XI ihren königlichen Hoheiten den Erzherzogen zugetheilt worden ist, oder in Kraft des Art. XII noch erst zugetheilt werden soll.

Art. XVI. Die Domainial-Dokumente oder Titel und die Archive, die Pläne und Karten der in Kraft gegenwärtigen Traktats

abgetretenen verschiedenen Länder, Städte und Festungen sollen drei Monate nach erfolgter Ratifikation denjenigen Mächten, in deren Besitz sie kommen ausgeliefert werden.
[...]

Hofmann, S. 368–375.

14 Die Rheinbundakte

12. Juli 1806

Art. 1. Die Staaten Ihrer Majestäten der Könige von Bayern und von Württemberg, Ihrer Durchlauchten der Kurfürsten Erzkanzler und von Baden, des Herzogs von Berg und Cleve, des Landgrafen von Hessen-Darmstadt, der Fürsten von Nassau-Usingen und Nassau-Weilburg, von Hohenzollern-Hechingen und Hohenzollern-Sigmaringen, von Salm-Salm und Salm-Kyburg, des Fürsten von Ysenburg-Birstein, des Herzogs von Ahrenberg, des Fürsten von Lichtenstein und des Grafen von der Leyen werden auf ewig von dem Territorium des deutschen Reiches getrennt, und unter sich durch eine besondere Konföderation unter dem Namen: „Rheinische Bundesstaaten" vereinigt.

Art. 2. Jedes deutsche Reichsgesetz, welches Ihre Majestäten und Durchlauchten die Könige, Fürsten und den Grafen, die in dem vorhergehenden Artikel benannt sind, Ihre Unterthanen, Staaten oder Theile derselben bisher betraf, oder verband, soll künftig in Hinsicht Ihrer Majestäten und Durchlauchten und des gedachten Grafen, Ihrer Unterthanen und respective Staaten, null und nichtig und von keiner Wirkung sein. Hievon sind jedoch ausgenommen die Rechte, welche die Gläubiger und Pensionisten durch den Receß von 1803 erlangt haben, desgleichen die Verfügung des 39. Artikels dieses Receßes in Betreff der Rheinschiffahrts-Octroi, welche noch ferner nach ihrem ganzen Inhalte sollen in Vollzug gesetzt werden.

Art. 3. Jeder der konföderirten Könige und Fürsten wird auf jene seine Titel, welche irgend einen Bezug auf das deutsche Reich ausdrücken, Verzicht leisten und vom ersten des nächsten Monats August dem Reichstage seine Trennung von dem deutschen Reiche anzeigen lassen.

Art. 4. Seine kurfürstliche Gnaden der Erzkanzler nimmt den Titel eines Fürsten Primas und *Altesse Eminentissime* an. Der Titel: Fürst Primas ist aber mit keinem Vorzuge verbunden, welcher der vollen Souveränetät, welche jeder der Konföderirten zu genießen hat, entgegen wäre.

Art. 5. Ihre Durchlauchten der Kurfürst von Baden, der Herzog von Berg und Cleve, und der Landgraf von Hessen-Darmstadt nahmen den Titel: Großherzoge an: sie genießen die der königlichen Würde anklebenden Rechte, Ehren und Vorzüge. Ihr Rang und Ihr Vorgangsrecht unter sich ist und bleibt nach der Ordnung bestimmt, nach welcher sie im gegenwärtigen Artikel benannt sind. Das Haupt des Hauses Nassau nimmt den Titel eines Herzogs und der Graf von der Leyen den Titel eines Fürsten an.

Art. 6. Die gemeinschaftlichen Interessen der verbündeten Staaten werden auf einem Bundestage verhandelt, dessen Sitz Frankfurt ist, und der sich in zwei Kollegien theilt, nämlich das Kollegium der Könige und das Kollegium der Fürsten.

Art. 7. Die Fürsten müssen nothwendig von jeder der Konföderation fremden Macht unabhängig sein, und können daher keine Dienste irgend einer Art anderswo annehmen, als in den verbündeten, oder mit der Konföderation alliirten Staaten. Diejenigen, welche bereits in den Diensten einer andern Macht sich befinden, und darin verbleiben wollen, sind verpflichtet, ihr Fürstenthum einem ihrer Kinder zu überlassen.

Art. 8. Auf den Fall, wenn einer der genannten Fürsten seine Souveränetät im Ganzen oder theilweise veräußern wollte, kann er es nur zu Gunsten eines der konföderirten Staaten thun.

Art. 9. Alle Streitigkeiten, welche sich unter den konföderirten Staaten ergeben, werden auf dem Bundestage zu Frankfurt entschieden.

Art. 10. Präsident der Bundes-Versammlung ist Seine Hoheit der Fürst Primas, und wenn eines von den zwei Kollegien allein sich über eine Angelegenheit zu berathschlagen hat, so hat Seine Hoheit bei dem königlichen und der Herzog von Nassau bei dem fürstlichen Collegium den Vorsitz.

Art. 11. Der Zeitpunkt, an welchem entweder der Bundestag, oder ein Collegium insbesondere sich zu versammeln hat, die Zusammenberufungsart, die Gegenstände, welche ihren Berathschlagungen zu unterwerfen, die Art und Weise, wie die Beschlüsse zu fassen und zum Vollzuge zu bringen sind, werden durch ein Fundamentalgesetz bestimmt, welches durch Seine Hoheit den Fürsten Primas binnen Einem Monate nach der zu Regensburg geschehenen Notification in Vorschlag zu bringen und von den konföderirten Staaten zu genehmigen ist. Eben dieses Fundamentalgesetz wird den Rang der Mitglieder des fürstlichen Kollegiums bestimmt festsetzen.

Art. 12. Seine Majestät der Kaiser der Franzosen wird zum Protektor des Bundes reklamirt, und ernennt in dieser Eigenschaft beim Absterben eines Fürsten Primas dessen Nachfolger.

[...]

Art. 35. Zwischen dem Kaiser der Franzosen und den Staaten des rheinischen Bundes, insgesammt und einzeln genommen, soll eine Allianz Statt haben, kraft welcher jeder Kontinental Krieg, welchen einer der kontrahirenden Theile zu führen hätte, für alle Andern zur gemeinen Sache wird.

Art. 36. Im Falle eine dieser Allianz fremde und benachbarte Macht sich bewaffnet, sollen die hohen kontrahirenden Mächte ebenfalls auf die Anforderung, welche der Minister eines konföderirten Staates derselbe zu Frankfurt machen wird, sich bewaffnen, um nicht unvorbereitet überfallen zu werden.

Da das Kontingent, welches ein jeder von den Alliirten zu stellen hat, in vier Viertel zu theilen ist, so wird der Bundestag bestimmen, wie viele Viertel mobil gemacht werden sollen. Allein die Bewaffnung soll erst dann Statt haben, wenn eine diesfallsige Einladung von Seiner Majestät dem Kaiser und König an jede der alliirten Mächte erfolgt.

Art. 37. Seine Majestät der König von Bayern machen sich verbindlich die Städte Augsburg und Lindau zu befestigen, im ersten dieser beiden Plätze ein Artillerie-Etablissement zu errichten, und jederzeit zu unterhalten; am zweiten Orte aber einen hinlänglichen Vorrath an Flinten und Munition zu haben, der als Reserve dienen soll; desgleichen in Augsburg Bäckereien anzulegen, um einen Vorrath Zwieback backen lassen zu können, damit im Falle eines Krieges der Marsch der Armeen keinen Aufenthalt leide.

Art. 38. Das von jedem der Alliirten, im Falle eines Krieges, zu stellende Kontingent ist festgesetzt, wie folgt:

Frankreich stellt 200,000 Mann von jeder Waffengattung; das Königreich Bayern 30,000 von jeder Waffengattung; das Königreich Württemberg 12,000; der Großherzog von Baden 8000; der Großherzog von Berg 5000; der Großherzog von Darmstadt 4000; der Herzog und der Fürst von Nassau stellen mit den andern verbündeten Fürsten ein Kontingent von 4000 Mann.

Art. 39. Die hohen kontrahirenden Theile behalten sich vor, in Zukunft auch andere deutsche Fürsten und Staaten in die Konföderation aufzunehmen, wenn es dem gemeinsamen Interesse angemessen befunden wird.

Art. 40. Die Ratificationen des gegenwärtigen Traktats sollen am 25. Julius des gegenwärtigen Jahres zu München ausgewechselt werden.

Hofmann, S. 375–393.

15 Erklärung der Rheinbundstaaten über ihren Austritt aus dem Reich

1. August 1806

Hochwürdige, Hoch- und Hochwohl- auch Wohlgeborne, insonders Hoch- und vielgeehrteste Herren!

Die zur allgemeinen deutschen Reichsversammlung bevollmächtigten unterzeichneten Bothschafter und Gesandte haben den Befehl erhalten, Namens Ihrer Höchst- und Hohen Committenten Euren Excellenzien, Hochwürden, Hoch-, Hochwohl- und Wohlgebornen nachstehende Erklärung mitzutheilen:

Die Begebenheiten der drei letzten Kriege, welche Deutschland beinahe ohnunterbrochen beunruhigt haben, und die politischen Veränderungen, welche daraus entsprungen sind, haben die traurige Wahrheit in das hellste Licht gesetzt, daß das Band, welches bisher die verschiedenen Glieder des deutschen Staatskörpers mit einander vereinigen sollte, für diesen Zweck nicht mehr hinreiche, oder vielmehr, daß es in der That schon aufgelöst sey; das Gefühl dieser Wahrheit ist schon seit langer Zeit in dem Herzen jedes Deutschen, und so drückend auch die Erfahrung der letztern Jahre war, so hat sie doch im Grunde nur die Hinfälligkeit einer in ihrem Ursprunge ehrwürdigen, aber durch den allen menschlichen Anordnungen anklebenden Unbestand fehlerhaft gewordenen Verfassung bestätiget. Nur diesem Umstande muß man ohne Zweifel die ihm Jahre 1795 im Reiche selbst sich hervorgethane Trennung zuschreiben, die eine Absonderung des nördlichen und südlichen Deutschlands zur Folge hatte. Von diesem Augenblicke an mußten nothwendig alle Begriffe von gemeinschaftlichem Vaterlande und Interesse verschwinden; die Ausdrücke: Reichskrieg und Reichsfrieden, wurden Worte ohne Schall; vergeblich suchte man Deutschland mitten im deutschen Reichskörper. Die Frankreich zunächst gelegenen, von allem Schutz entblößten und allen Drangsalen eines Krieges, dessen Beendigung in den verfassungsmäßigen Mitteln zu suchen nicht in ihrer Gewalt stand, ausgesetzten Fürsten sahen sich gezwungen, sich durch Separatfrieden von dem allgemeinen Verbande in der That zu trennen. Der Friede von Lüneville, und mehr noch der Reichsschluß von 1803, hätten allerdings hinlänglich scheinen sollen, um der deutschen Reichsverfassung neues Leben zu geben, indem sie die schwachen Theile des Systems hinwegräumten und die Hauptgrundpfeiler desselben befestigten. Allein die in den letztverflossenen zehn Monaten unter den Augen des ganzen Reichs sich zugetragenen Ereignisse haben auch diese letzte Hoffnung vernichtet und die gänzliche Unzulänglichkeit der bisherigen Verfassung auf's Neue außer allem Zweifel gesetzt. Bei dem Drange dieser wichtigen Betrachtungen haben die Souverains und Fürsten des mittäglichen und westlichen Deutschlands sich bewogen gefunden, einen neuen und den Zeitumständen angemessenen Bund zu schließen. Indem sie sich durch gegenwärtige Erklärung von ihrer bisherigen Verbindung mit dem deutschen Reichskörper lossagen, befolgen sie bloß das durch frühere Vorgänge und selbst durch Erklärungen der mächtigeren Reichsstände aufgestellte System. Sie hätten zwar den leeren Schein einer erloschenen Verfassung beibehalten können, allein sie haben im Gegentheil ihrer Würde und der Reinheit ihrer Zwecke angemessener geglaubt, eine offene und freie Erklärung ihres Entschlusses und der Beweggründe, durch welche sie geleitet worden sind, abzugeben. Vergeblich aber würden sie sich geschmeichelt haben, den gewünschten Endzweck zu erreichen, wenn sie sich nicht zugleich eines mächtigen Schutzes versichert hätten, wozu sich nunmehr der nämliche Monarch, dessen Absichten sich stets mit dem wahren Interesse Deutschlands übereinstimmend gezeigt haben, verbindet. Eine so mächtige Garantie ist in doppelter Hinsicht beruhigend. Sie gewährt die Versicherung, daß Se. Majestät der Kaiser von Frankreich, Allerhöchstdero Ruhms halber eben so sehr, als wegen des eigenen Interesse des französischen Kaiserstaates, die Aufrechterhaltung der neuen Ordnung der Dinge in Deutschland und die Befestigung der inneren und äußeren Ruhe sich angelegen seyn lassen werden. Daß diese kostbare Ruhe der Hauptzweck des rheinischen Bundes ist, davon finden die bisherigen Reichsmitstände der Souverains, in deren Namen die gegenwärtige Erklärung geschieht, den deutlichen Beweis darin, daß jedem unter ihnen, dessen Lage ihm eine Theilnahme daran erwünschlich machen kann, der Beitritt zu demselben offen gelassen ist.

Indem wir uns dieses höchsten und hohen Auftrags hierdurch schuldigst entledigen; so haben wir zugleich die Ehre, die Versicherung der hochachtungsvollsten Ergebenheit hinzuzufügen, womit wir sind

Eurer Excellenzien, Hochwürden, Hoch-, Hochwohl- und Wohlgebornen gehorsamst-ergebenste

Freiherr von Rechberg, Ihrer königlichen Majestät von Baiern geheimer Rath und bisheriger Comitial-Gesandter.

Freiherr von Seckendorf, Ihrer königlichen Majestät von Würtemberg Staatsminister und bisheriger Comitial-Gesandter.

Churfürstlich-Reichs-Erzkanzlerischer Staatsminister und Directorial-Gesandter, Freiherr von Albini.

Der churfürstlich Badensche Gesandte, Albrecht Freiherr von Seckendorf.

Landgräflich Hessischer Gesandter, Freiherr von Türkheim.

Edmund Freiherr von Schmitz-Grollenburg, Seiner hochfürstlichen Durchlaucht zu Hohenzollern-Hechingen und des hochfürstlichen Gesammthauses Hohenzollern Gesandter.

Weihbischof und Domdechant von Wolf, als Salm-Kyrburgischer-Comitial-Gesandter.

Von Mollenbec, von wegen Seiner hochfürstlichen Durchlaucht zu Isenburg.

Regensburg, den 1. August 1806.

Zeumer, S. 537–538.

16 Erklärung des Kaisers Franz II. über die Niederlegung der deutschen Kaiserkrone

6. August 1806

Wir Franz der Zweite, von Gottes Gnaden erwählter römischer Kaiser, zu allen Zeiten Mehrer des Reichs, Erbkaiser von Oesterreich etc., König in Germanien, zu Hungarn, Böheim, Croatien, Dalmazien, Slavonien, Galizien, Lodomerien und Jerusalem, Erzherzog zu Oesterreich etc.

Nach dem Abschlusse des Preßburger Friedens war Unsere ganze Aufmerksamkeit und Sorgfalt dahin gerichtet, allen Verpflichtungen, die Wir dadurch eingegangen hatten, mit gewohnter Treue und Gewissenhaftigkeit das vollkommenste Genüge zu leisten, und die Segnungen des Friedens Unsern Völkern zu erhalten, die glücklich wieder hergestellten friedlichen Verhältnisse allenthalben zu befestigen, und zu erwarten, ob die durch diesen Frieden herbeigeführten wesentlichen Veränderungen im deutschen Reiche es Uns ferner möglich machen würden, den nach der kaiserlichen Wahlcapitulation Uns als Reichs-Oberhaupt obliegenden schweren Pflichten genug zu thun. Die Folgerungen, welche mehreren Artikeln des Preßburger Friedens gleich nach dessen Bekanntwerdung und bis jetzt gegeben worden, und die allgemein bekannten Ereignisse, welche darauf im deutschen Reiche Statt hatten, haben Uns aber die Ueberzeugung gewährt, daß es unter den eingetretenen Umständen unmöglich seyn werde, die durch den Wahlvertrag eingegangenen Verpflichtungen ferner zu erfüllen: und wenn noch der Fall übrig blieb, daß sich nach fördersamer Beseitigung eingetretener politischer Verwickelungen ein veränderter Stand ergeben dürfte, so hat gleichwohl die am 12. Julius zu Paris unterzeichnete, und seitdem von den betreffenden Theilen begnehmigte, Uebereinkunft mehrerer vorzüglichen Stände zu ihrer gänzlichen Trennung von dem Reiche und ihrer Vereinigung zu einer besondern Conföderation, die gehegte Erwartung vollends vernichtet.

Bei der hierdurch vollendeten Ueberzeugung von der gänzlichen Unmöglichkeit, die Pflichten Unseres kaiserlichen Amtes länger zu erfüllen, sind Wir es Unsern Grundsätzen und Unserer Würde schuldig, auf eine Krone zu verzichten, welche nur so lange Werth in Unsern Augen haben konnte, als Wir dem von Churfürsten, Fürsten und Ständen und übrigen Angehörigen des deutschen Reichs Uns bezeigten Zutrauen zu entsprechen und den übernommenen Obliegenheiten ein Genüge zu leisten im Stande waren.

Wir erklären demnach durch Gegenwärtiges, daß Wir das Band, welches Uns bis jetzt an den Staatskörper des deutschen Reichs gebunden hat, als gelöst ansehen, daß Wir das reichsoberhauptliche Amt und Würde durch die Vereinigung der conföderirten rheinischen Stände als erloschen und Uns dadurch von allen übernommenen Pflichten gegen das deutsche Reich losgezählt betrachten und die von wegen desselben bis jetzt getragene Kaiserkrone und geführte kaiserliche Regierung, wie hiermit geschieht, niederlegen.

Wir entbinden zugleich Churfürsten, Fürsten und Stände und alle Reichsangehörigen, insonderheit auch die Mitglieder der höchsten Reichsgerichte und die übrige Reichsdienerschaft, von ihren Pflichten, womit sie an Uns, als das gesetzliche Oberhaupt des Reichs, durch die Constitution gebunden waren. Unsere sämmtlichen deutschen Provinzen und Reichsländer zählen Wir dagegen wechselseitig von allen Verpflichtungen, die sie bis jetzt, unter was immer für einem Titel, gegen das deutsche Reich getragen haben, los, und Wir werden selbige in ihrer Vereinigung mit dem ganzen österreichischen Staatskörper als Kaiser von Oesterreich unter den wiederhergestellten und bestehenden friedlichen Verhältnissen mit allen Mächten und benachbarten Staaten zu jener Stufe des Glückes und Wohlstandes zu bringen beflissen seyn, welche das Ziel aller Unserer Wünsche, der Zweck Unserer angelegensten Sorgfalt stets seyn wird.

Gegeben in Unserer Haupt- und Residenzstadt Wien, den sechsten August im eintausend achthundert und sechsten, Unserer Reiche des Römischen und der Erbländischen im fünfzehnten Jahre.

(L[oco] S[igilli]) Franz.

Johann Philipp Graf von Stadion.

Zeumer, S. 538–539.

Quellenverzeichnis

Wahlkapitulation des römischen Kaisers Franz des Zweiten nach dem kurmainzischen Originale zum Drucke befördert. Mit kaiserl. allerhöchstem Privilegium, verlegt und gedruckt in der kurfürstl. privil. St. Rochus Hospitals Buchdruckerei, durch Johann Wirth, Mainz 1792.

Erdmannsdörffer, B.: Politische Correspondenz Karl Friedrichs von Baden. 1783–1806, Zweiter Band (1792–1797), Heidelberg 1892.

Gaspari, Adam Christian: Der Deputations-Receß mit historischen, geographischen und statistischen Erläuterungen und einer Vergleichungs-Tafel, Erster Theil, Hamburg, 1803, Zweyter Theil, Hamburg, 1803.

Häberlin: Staats-Archiv, Vierter Band, Dreyzehntes bis sechszehntes Heft, Braunschweig 1799.

Hegel, Georg Wilhelm Friedrich: Werke in zwanzig Bänden, 1, Frühe Schriften, Frankfurt a.M. 1971.

Hoff, Ernst Adolf von: Das Teutsche Reich vor der französischen Revolution und nach dem Frieden von Lunéville, Erster Theil, Gotha 1801.

Hofmann, Hanns Hubert: Quellen zum Verfassungsorganismus des Heiligen Römischen Reiches Deutscher Nation 1495–1815, Darmstadt 1976.

Hoke, Rudolf/Ilse Reiter: Quellensammlung zur Österreichischen und Deutschen Rechtsgeschichte, Wien, Köln, Weimar, Böhlau 1993.

Zeumer, Karl: Quellensammlung zur Geschichte der Deutschen Reichsverfassung in Mittelalter und Neuzeit, Erster und Zweiter Teil, 2. Aufl., Tübingen 1913.